인물로 보는 일본역사 제9권

하라 다카시
평민 재상의 빛과 그림자

차례
Contents

머리말·'정당정치의 상징' 일본 근대사의 중심인물   3

제1장 하라 다카시와 그의 시대   6

제2장 제1차 외무성 시대와 농상무성시대   23

제3장 제2차 외무성 시대와 한국   33

제4장 입헌정우회 창당과 정치인 하라의 탄생   51

제5장 하라 다카시 내각과 3·1 운동   88

맺음말·정치 인식의 한계, 그리고 완전한 동화를 지향하는
　　　　식민지 통치.   113

참고문헌   117

'정당정치의 상징' 일본 근대사의 중심인물

일본역사 속 여러 인물들 가운데에는 일본에서보다 한국에서 더 과대평가되는 사람이 있는 반면, 역사에서 차지하는 비중에 비해 연구자를 제외한 한국 대중에게는 잘 알려지지 않은 인물도 많다. 후자의 대표적인 인물로 하라 다카시(原敬)를 꼽을 수 있을 것이다.

하라는 일본 근대사에서 정당정치의 상징적인 인물이다. 1900년 입헌정우회(이하 '정우회')가 창당되었을 때부터 참여하여 1914년에는 정우회 대표가 되었다. 1918년 제19대 내각총리대신에 임명되자 외무대신과 육·해군 대신을 제외한 각료 전원을 정우회 인물로 임명하여 명실상부한 정당내각을 조직했다.

하라 다카시는 일본의 정치인 중에서 가장 많이 연구된 인물 중 한 명이라고 할 수 있다. 그만큼 활발한 연구가 이루어질 수 있었던 것은 하라에 관한 다양한 종류의 전기와 연구서, 연구논문이 출간되었기 때문이다. 그중에서도 가장 중요한 사료는 그 자신이 날마다 기록했던 일기다. 일본의 정치가와 군인 중에 일기를 남긴 사람은 많지만, 하라의 일기는 일본 근현대 사료 중에서도 백미다.

수상 재임 중 도쿄역에서 저격당하여 불의의 죽음을 맞았던 하라는 생전에 준비해둔 유서에 "나의 일기는 수십 년 후는 몰라도 당분간은 세상에 내보내지 마라. 나의 유물 중에 이 일기는 가장 중요한 것으로 오래 보존하도록 하라"고 남겼다. 그의 일기는 연필로 그날의 안건을 수첩에 메모한 것을 토대로 괘선지에 정서하여 철로 묶어서 서가에 보관하였다. 암살당한 당일에도 그날의 메모를 남겼을 정도다.

이 밖에도 하라가 쓴 논설이나 연설을 수록한 『하라 다카시 전집(原敬全集)』(上·下), 하라가 남긴 사료 대부분을 수록하고 작문·논설·중요 서류를 묶어 엮은 『하라 다카시 관계 문서(原敬關係文書)』도 출간되었다.

일본사 인물 중에서 하라 다카시를 선정한 또 다른 이유로는 한국과의 관계를 들 수 있다. 한국인인 우리가 왜 이 사람에 대해 알아야 할 필요가 있는가 하는 관점에서 볼 때, 일본 역대 수상들 가운데 하라만큼 한국과 밀접한 관계를 맺어온 인물이 드물기 때문이다. 물론 조선 총독이나 조선군 사령관, 조선총독부 관료 출신들은 조선에 거주한 기간이 길고 조선사정에 익숙하겠지만 문관 정치가 중에서 하라만큼 식민지와 한국에 정통한 인물은 드물 것이다.

하라는 정치가가 되기 전에 언론인과 외교관으로 활동하였는데, 외무성 통상국장 시절에 조선에 출장을 왔으며, 조선공사를 지내기도 하였다. 뿐만 아니라 갑신정변 시기에는 중국 톈진(天津)영사로서 리훙장(李鴻章)을 통해 조선 정세에 관한 많은 정보를 얻었으며, 이후 식민지 관제 제정 및 개정 등에 관여하였다.

일본에서는 하라 다카시에 관해서 많은 연구 성과가 축적되었지만 조선 관련 사항에 대해서는 본격적인 연구가 적다. 따라서 이 책에서는 그런 부분을 보강하면서 정당정치가 하라에 대하여 살피고 '한국 독자를 위한 하라 다카시'를 소개하는 데도 중점을 두고자 한다.

제1장 하라 다카시와 그의 시대

제1장에서는 하라가 본격적으로 정치가로서 성장하기 위한 발판을 얻는 외교관 시절 이전에 관한 기본적인 설명을 하고자 한다. 하라가 살아간 시대에 대한 설명, 성장기, 학력, 언론인 시대에 대해 간단히 살펴보기로 하자.

시대 배경과 성장기

일본의 역사를 편의적으로 구분할 때 1868년 메이지유신부터를 근대의 시작으로 보는 경우가 일반적이지만, 사실은

하라 다카시

1853년 미국 동아시아함대 사령관 페리가 흑선 4척을 이끌고 에도만에 나타난 사건이야말로 새로운 시대를 예고하는 신호탄이었다. 하라 다카시가 태어난 1856년은 그런 의미에서 이미 새로운 시대의 출발선에 서 있었다고 할 수 있다.

하라는 1856년 모리오카(森岡) 난부번(南部藩)의 가로(家老) 집안의 차남으로 태어났다. '가로'란 번을 지배하는 번주(藩主)의 바로 아래 지위이므로 그 번의 수상과 같은 신분이다. 메이지유신의 주역들 중 다수가 에도시대 하급 무사 출신인 점을 감안하면 하라 다카시는 매우 높은 가문에서 태어났다고 할 수 있다. 그러나 1868년 천황에게 정치적 지위를 반환한 대정봉환(大政奉還)을 통해 에도 막부가 막을 내리고 새롭게 메이지정부가 발족하는 역사의 소용돌이 속에서 하라 일가는 몰락의 길을 걸어갔다. 하라의 집안은 할아버지 대에서 가로(家老)가 되었는데, 하라가 11세 때였던 1866년에 아버지가 과로로 쓰러져 곧 세상을 떠나자 장남인 14세의 형이 집안을 계승하였다.

1868년 메이지정부와 에도 막부 세력 사이에서 일어난 내란, 보신전쟁(戊辰戰爭)이 일어났을 때 난부번은 막부 편에 섰다. 이듬해 메이지정부의 승리로 전쟁이 끝나고 모리오카번의 폐번이 결정되자, 난부번의 무사들은 녹봉을 상실하였을 뿐 아니라 보신전쟁에서 신정부군에 적대한 대가로 배상금을 물어야 했다. 명문가 하라 일족도 토지와 집, 가재도구를 팔았고 과자 장사 등으로 생계를 유지해야 했다.

하라는 1870년 고향에서 번이 세운 학교 '작인관(作人館)'에서 공부하였지만, 1871년 12월에는 구 번주가 도쿄에 설립한 '교칸기주쿠(共慣義塾)'라는 영어학교에 입학하였다. 어머니가 집의 일부를 팔아 장만한 돈으로 상경한 것이지만, 당시 월 3엔의 학비를 충당하기 어려워서 중도에 그만두지 않을 수 없었다.

해군병학료(海軍兵學寮, 해군사관학교 즉 해군병학교의 전신)에 응시하였지만 실패하자 1872년 신학교에 입학하여 프랑스인 신부 밑에서 일하게 되었다. '다비드'라는 세례명으로 세례를 받았지만 하라 자신이 가톨릭 신자였다는 흔적은 찾기 어렵다.

프랑스인 신부 밑에서 일하던 시절 하라의 임무는 여러 곳으로 선교활동을 다니는 신부의 제자 겸 시종으로 수행하는 것이었다. 어떤 의미에서는 이때가 그의 인생에서 가장 어려운 시기였을지도 모르지만, 이 시절에 신부를 수행하면서 프랑스어를 배우고 세계의 움직임을 살펴본 것이 그의 인생에서 다음 단계를 준비하는 큰 양식이 되었다고 할 수 있다.

하라는 1876년 7월 사법성 법학교에 합격자 104명 중 차석으로 입학하였다. 일본의 근대 고등교육에서 도쿄대학(東京大学)이 개교한 것은 1877년이고, 1876년에 홋카이도에 삿포로농학교(札幌農学校)가 문을 연 것이 고등교육의 시초라 할 수 있으며, 이전에는 각 관청이 필요한 인재를 그 기관 산하에서 교육했다.

사법성 법학교는 1872년에 설립된 사법관 양성 기관으로 이른바 국립학교였기 때문에 수업료 면제는 물론, 기숙사에서 숙식이 제공되고 용돈도 지급되었다. 하라가 입시에서 우수한 성적을 거둘 수 있었던 것은 어려서부터 한학을 공부한 것이 입학시험에서 발휘되었기 때문이다. 나중에 제국대학(현 도쿄대학의 전신) 법학부가 되는 이 학교를 졸업했더라면 하라에게는 사법 관료로서의 평탄한 인생이 펼쳐졌을 터이지만 그는 사법성 법학교를 무사히 졸업하지 못하였다.

1879년의 어느 날, 외출에서 돌아온 학생들이 식당의 남은 음식이 부족하다고 단체행동을 하자, 학교 측은 4명의 학생을 퇴교 처분하였다. 하라는 문제가 된 급식문제 단체 행동에는 가담하지 않았지만 이 퇴교 처분에 분개하여 대표 중의 한 명으로 교장에 항의하였다. 결국 대신을 직접 면회하는 방식으로 학생들의 투쟁은 승리를 거두었지만 학교 측은 하라를 비롯 16명을 퇴교시켰다. 보통 퇴교 처분에는 이유를 붙인다. 그런데 이들에 대해서는 아무런 설명 없이 다만 '퇴교를 명함'이라는 사령을 건네고 본적지로 돌아갈 여비를 지급했을 뿐이다.

역사에서 가정을 허용하지 않는 것처럼, 인생에서도 '만약'이라는 가정은 허용되지 않는다. 그렇지만 굳이 '만약 하라 다카시가 4년제로 바뀌는 사법성 법학교 제2기생이 아니라 1년 만에 수료할 수 있었던 제1기생으로 입학했더라면?', 또는 '만약 중도에 퇴학당하지 않고 무사히 졸업했더라면?' 하는 가정을 해보기로 하자. 법관이나 사법관료로서 평탄한 출세코스를 걸었을 하라, 또는 그런 경력을 바탕으로 정치가가 되었을지도 모르는 하라를 상상해볼 수도 있다.

그러나 결국 사법성 법학교에서 퇴교당했기 때문에 하라는 일본 근대교육시스템에서 공식적인 학력을 갖지 못하고, 이후의 길을 학력이 아니라 자신의 힘으로 개척해가게 되었다. 그러나 사법성 법학교 동기들은 하라의 중요한 인맥이 되었고, 특히 함께 퇴교당한 동기들과의 관계는 매우 돈독하였다.

언론인으로서의 출발

사법관으로서의 길을 타의에 의해 봉쇄당한 하라가 이후 걸어간 길은 언론인과 외교관이었다. 이 두 가지 경력은 서로 교차되어 등장하지만 여기서는 우선 언론인으로서의 경력만 정리해보기로 하자.

당시 하라와 함께 퇴학을 당한 동료는 구가 가쓰난(陸羯南), 가토 쓰네타다(加藤恒忠), 고쿠부 세이가이(国分青厓) 등이었는데, 이들은 모두 신문기자가 되어 민권운동을 고취하고 국회의원이 되어 정치가로서 번벌정부를 타도하겠다는 목표를 세웠다. 하라 역시 신문기자의 길을 지향하였다.

집안의 원조를 받을 수 없던 하라는 1879년 11월 16일, 친구의 소개로 「우편보지신문사(郵便報知新聞社)」에 들어가게 되었다. 당시의 「우편보지신문」은 주필, 편집장, 사설기자가 있는 상국(上局)과 번역기자나 탐방기자 등이 근무하는 하국(下局)으로 나뉘어 있었다. 하라는 요코하마(橫浜)에서 발행되는 프랑스어 신문 번역을 담당하는 잡보(雜報) 기자였으므로 하국에 속했지만, 차츰 사설도 쓰게 되었다.

이 시기에 하라가 쓴 논설은 이후 정치가로서의 기본 사상을 키우는 밑거름이 되었다. 그의 논설은 당시 조수번과 사쓰마번이 장악하는 이른바 번벌(藩閥)정치를 비판하면서도 번벌정부에 대해서는 어느 정도 높이 평가하였다.

또한 세계의 대세, 천하의 형세 등 먼 미래에 대해서도 큰 그림을 그리고 있었다. 하라 사상의 특징은 국제사회를 국가 간 경쟁으로 보아 문명화, 부국강병을 위해 관민이 협력해야 한다는 것으로, 당시에는 드물지 않은 것이었다. 그러나 오쿠마 시게노부(大隈重信)가 1881년 「우편보지신문」을 사들이면서 하라는 신문사를 떠나게 되었다.

그 후 하라는 외무경 이노우에 가오루(井上馨)의 소개로 후쿠치 겐이치로(福地源一郞)의 「대동일보」사에 입사하게 되었다. 후쿠치는 일본 최초의 정당인 자유당과 입헌개진당이 결성되자 정부가 이에 대항하기 위하여 지원하여 창당한 입헌제정당의 대표였다. 그가 오사카에서 창설한 「대동일보(大東日報)」는 입헌제정당에 참가한 인물들을 중심으로 발간하는 어용신문의 성격을 띠고 있었다. 말하자면 어용정당 대표이자 어용신문 대표라고 할 수 있는데, 최근 연구에서는 후쿠치에 대해 '정부 어용'이 아닌 '비민권파그룹'으로 분류하기도 한다.

하라로서는 민당 계열의 「우편보지신문」에서 정부 계열의 「대동일보」로 갈아탄 셈이었다. 「대동일보」에서 하라는 신문논설을 쓰는 한편, 입헌제 정당의 세력 확대에도 힘썼다. 그러나 어용정당인 만큼 당세 확장은 한계가 있었고, 신문 판매도 순조롭지 않았다.

경영난에 빠진 「대동일보」는 「도쿄니치니치(東京日日)」의 휘하에 들어가게 되었으며, 급여를 많이 받는 주필과 편집국장 하라는 해고나 다름없는 상황에 놓이게 되었다. 하라는 「대동일보」를 떠나 도쿄로 돌아가기로 하였다. 언론을 통해 정론가로 활약하면서 정치가로 발돋움하려 했던 하라의 꿈은 일단 여기서 좌절되었다.

가족관계

하라는 앞에서 설명한 대로 에도시대의 끝 무렵에 일본 도호쿠(東北) 지방의 상급 무사 집안에서 태어났지만, 새로운 시대는 하라에게 에도시대 막번체제(幕藩體制)의 품 안에서 안온한 삶을 살아가도록 허락하지 않았다. 보신전쟁에서 막부편에서 싸웠던 도호쿠 지방 출신들은 '역적의 땅' 출신이라는 차별을 겪으며, 메이지 국가의 출세코스에서 제외되었다.

하라가 고향을 떠나 도쿄로 나온 것이 1871년이니, 15세의 어린 나이에 근대국가의 밑바닥에서부터 새로 시작한 셈이다. 그는 사무라이 집안 출신이기 때문에 근대 호적법의 화족(華族)·사족(士族)·평민의 세 신분 중에서 사족에 속하지만, 20세 때 분가하여 평민적에 편입해 호주가 되었다. 근대국가의 징병제도에서 호주는 병역의무를 면제받을 수 있었기 때문이다. 하라가 '평민재상'이라는 애칭으로 불리게 된 것은 역설적이게도 진짜 평민 출신이 아닌데도 '평민'으로 신분을 낮추고, 평생 작위를 거부하였기 때문이다. 그러나 그는 집안에 대한 자부심이 강하였고 언제 어디서나 품위 있게 행동했던 귀공자였다.

메이지정부 아래서 출신 성분의 혜택을 누릴 수 없었던 하라에게 배경을 만들어준 것은 결혼이라고 할 수 있다. 그가 중국 톈진(天津)영사로 부임하기 직전에 결혼한 아내 사다코(貞子)는 사쓰마번(薩摩藩) 무사 출신 나카이 히로시(中井弘, 1839~1894)와 닛타 도시즈미(新田俊純, 메이지유신 이후 이와 마쓰 도시즈미岩松俊純로 개명)의 딸 다케코(武子) 사이에서 태어난 혼외자였다. 다케코는 후에 조슈번 출신의 이노우에 가오루(井上馨, 1836~1915)와 정식으로 결혼하였으므로, 하라의 입장에서 보면 두 사람의 정계 선배를 장인으로 두게 된 셈이다. 나카이는 외교관, 사가현(滋賀県) 지사(知事), 귀족원 의원을 지냈다.

한편 이노우에는 일본에 내각제도가 시행되기 전에 외무경을 지낸 것을 비롯하여 농상무대신, 내무대신 등 요직을 거쳐 제4차 이토 히로부미 내각이 사직한 후 총리대신으로 조각을 명받았으나 사퇴하였다. 비록 수상의 자리는 포기하였으나 이후 원로로서 후계 수상을 결정하고 일본 정치에 영향을 미친 메이지 1세대 거물 정치인이었다. 역적의 땅 도호쿠 출신으로 아무런 정치적 배경을 갖지 못했던 하라는 결혼을 통하여 메이지 시대 초기 정권을 장악했던 조슈번(長州藩)과 사쓰마번(薩摩藩) 출신의 장인을 정치적 후견인으로 얻게 된 것이다.

사다코는 15, 16세의 어린 나이에 하라와 결혼하였으며, 두 사람의 나이 차이가 열 살 이상이었다. 정신적으로 불안정하고 히스테릭한 성격이었던 것은 복잡한 가정사와 너무 이른 결혼 탓은 아니었을까? 바쁜 공무를 마치고 귀가한 하라가 사다코의 마음을 달래주기 위하여 업고서 정원을 한

바퀴 돌았다는 일화가 있는 것을 보면, 그는 어린 아내와의 결혼생활에 나름대로 최선을 다하고자 했던 듯하다.

그러나 두 사람은 1896년부터 별거에 들어갔으며, 사다코가 다른 사람의 아이를 임신하면서 1905년에 정식으로 이혼하는 것으로 결국 혼인생활은 막을 내렸다. 이후로도 사다코가 세상을 떠날 때까지 생활비를 보내고, 장례를 챙기는 등 하라가 쉽게 인연을 끊지 못한 것은 생모 다케코를 매개로 하는 정치적 후견관계 때문이었던 것으로 보인다.

후처인 아사(浅)는 몰락한 무사 집안의 딸로서 도쿄 신바시(新橋)의 게이샤(芸者) 시절에 하라와 만났다. 15년간이나 내연의 첩으로 살았지만 하라가 이혼한 후 1908년에 정식으로 호적에 올랐다.

하라가 정우회 대표로서 정우회 본부가 있는 시바공원(芝公園) 옆에 저택을 마련하여 밤낮으로 많은 사람을 접견했다. 이때 이들을 접대하고, 수상에 취임하였을 때 퍼스트레이디 역할을 한 것은 바로 이 아사 부인이었다.

두 사람 사이에는 소생이 없었으므로 조카의 아들을 어릴 때 양자로 들였다. 하라의 아들 게이치로(奎一郎; 본명은 貢. 1902~1983)는 게이오(慶應)대학을 중퇴한 후 영국 유학을 거쳐 언론사 기자, 평론가로 활약하였다. 그리고 사후 30년 정도 후에나 일기를 공개하라는 하라의 유언에 따라 일기를 출간하고 하라 관계문서를 정리하였다.

그는 하라에 관한 각종 관계자료 편찬 외에 하라 관계 연구서 출판을 지원하였으며, 그 자신도 아버지에 대한 회고록·에세이 등을 저술하였다. 본인이 생전에 일기나 전기 출간을 계획해도 유족이 반대하여 공개되지 않는 사료가 많지만, 오늘날 하라 관련 다양한 자료를 만날 수 있는 것은 바로 이 하라 게이치로 덕분이라고도 할 수 있다.

하라 다카시의 인맥

아직 근대국가로서의 관료 채용제도나 외교관 시험 등이 갖추어지기 전인 메이지 초에는 지연과 학연 등 개인적인 인맥이 매우 중요하였다. 하라 다카시는 도호쿠 지방 출신이라는 핸디캡을 가졌을 뿐만 아니라 사법성 법학교 중퇴에 그쳤으므로 조슈번과 사쓰마번 출신이 장악한 메이지정부에서 관료로서 자리 잡기는 힘들었다.

하라는 사법성 법학교 중퇴 후 언론인으로 활동하면서 서서히 능력을 발휘하며 스스로 자신의 지반을 넓혀갔다. 그렇지만 비록 아무리 노력해도 그의 능력을 인정하면서 이끌어주는 사람들이 없었더라면 정치가로서의 하라는 탄생하지 못했을 터다. 여기서는 본문에 별로 등장하지 않는 인물을 중심으로 하라의 초기 인맥을 간단히 소개하기로 한다.

먼저 하라가 자기 커리어를 만들어가는 단계에서 도움을 준 사람으로 이노우에 가오루를 꼽을 수 있다. 그는 앞에서 설명한 대로 사적으로는 장인에 해당하며, 적절한 시기에 중요한 자리에 하라를 추천하고 밀어주었다. 도움이 되는 지연이나 학연이 없는 하라에게는 큰 자산이라고 할 수 있다.

그러나 정치인 하라를 발탁해준 무쓰 무네미쓰(陸奥宗光, 1844~1897)를 빼고는 하라의 경력을 말할 수 없다. 그는 기슈번(紀州藩) 출신으로 에도 말기에 사카모토 료마(坂本龍馬), 기도 다카요시(木戸孝允), 이토 히로부미(伊藤博文) 등과 교유하였으며, 메이지유신 후에는 외국사무국 어용계(御用係), 효고현(兵庫県) 지사(知事), 지조개량국장 등을 지냈다.

1877년 세이난전쟁(西南戦争) 때는 정부 전복을 꾀하여 금고 5년의 형벌을 받고 투옥되었으나, 1883년 이토 히로부미의 도움으로 특사를 받아 유럽에 유학하였다. 하라가 무의미한 관청생활을 보내고 있을 때 하라의 능력을 인정해준 상사였기 때문에, 이후 하라는 무쓰와 더불어 관직 활동을 하고 무쓰가 그만둘 때 해당 부서의 관직을 떠나는 등 진퇴를 함께하였다.

다음으로 이토 히로부미(1841~1909)와의 인연을 들 수 있다. 이토는 네 번이나 총리대신을 역임한 인물이며, 초대 한국 통감으로 한국인 대부분이 아는 인물이다. 그는 갑신정변 결과 체결할 조약 교섭을 위하여 중국에 건너갔을 때 톈진 영사 하라의 업무 처리 능력을 높이 평가하여 하라가 이후 외교관으로 성장할 수 있는 발판을 만들어주었다. 하라가 이토가 결성하는 정당 정우회 창당 과정에 참여하게 된 것은 이 톈진에서의 인연에서 비롯되었다고 할 수 있다.

그리고 하라 다카시를 정당정치가로 만들어준 기반은 사이온지 긴모치(西園寺公望, 1849~1940)라고 할 수 있다. 사이온지는 하라보다 7세 연상으로 유서 깊은 구게(公家) 집안 출신이었다. 구게는 전통적으로 조정에서 천황을 섬기는 신분인데, '사이온지'라는 성은 구게 중에서도 태정대신의 지위에 오를 수 있는 일곱 가문인 청화가(淸華家) 중 하나였다. 그는 에도 말 교토에서 태어나 11세 때부터 즉위하기 전의 메이지 천황을 모셨다. 메이지유신 후 1871년 프랑스에 유학하였으며, 프랑스공사관에 근무하던 시절에 하라는 빈에 주재하면서 오스트리아-헝가리제국 공사, 독일 겸 벨기에 공사로 근무하던 사이온지와 인연을 맺게 되었다.

이토의 뒤를 이어 정우회 제2대 총재를 맡은 사이온지는 실무를 하라에게 일임하였으며, 제3대 총재로 하라를 추천하였다. 하라는 사이온지 내각의 내무대신에 취임하면서 국정을 장악하게 되었으므로 사이온지는 하라에게 활동무대를 만들어준 인물이라고 할 수 있다. 그런데 하라는 사이온지를 단순하고 용의주도하지 못하다고 평가하였으며, 자신과 상의 없이 새로운 인물의 정우회 입당 등을 추진하는 것을 비난하였다. 사이온지 역시 하라에 대해 그다지 높은 평가를 하지 않았던 점은 매우 흥미롭다. 서로를 존중하면서도 성격적으로는 맞지 않았던 듯하다.

그러나 사이온지가 두 번의 수상을 지내고 세 번째로 수상이 될 기회를 거절하면서 하라를 천거한 것이 하라 다카시 내각 탄생의 계기가 되었으니 사이온지는 하라에게 큰 기회를 열어준 인물이라고 할 수 있다. 더욱이 수상을 역임한 인물들이 모두 일본 근대사에서 비공식적인 '원로'의 자리에 오른 것이 아니었으므로 하라의 사후에도 정치적 영향력을 오랫동안 행사했던 사이온지의 그림자는 매우 강하고도 길었다고 볼 수 있다.

하라와 관계를 맺었던 인맥의 두 번째 유형으로 이른바 하라의 정치적 라이벌을 살펴보기로 하자. 일본 육군의 거두 야마가타 아리토모(山縣有朋, 1838~1922)는 정당을 불신하면서도 '쌀 소동' 이후의 불안한 정국 속에서 하라가 수상으로 취임하는 것을 용인했던 인물이다.

언제나 군부, 특히 육군의 입장에서 정치와 식민지 통치,

대륙정책 등에 관여하였던 야마가타는 일견 하라와 반대의 입장에 서 있는 것처럼 보인다. 하지만 하라의 일기를 면밀히 읽어보면 하라가 추진한 대부분 정책들에 대해 함께 의논하고 교섭하는 상대였던 것을 알 수 있다. 하라가 군부를 억제하면서 자신의 정책을 수행할 수 있었던 데는 야마가타를 비롯한 육군의 협력이 매우 중요하였다.

하라의 라이벌로 언급되는 또 한 명의 인물로 고토 신페이(後藤新平, 1857~1929)를 들 수 있다. 그는 타이완 통치와 철도 국유문제에서 하라와 정책적으로 대립하였다. 고토는 하라와 마찬가지로 도호쿠 출신으로 어머니 쪽 집안이 의사 가문이어서 의학을 공부하였으며, 1882년 내무성 위생국에 들어가 관료로서 병원과 위생 관련 행정을 담당하였다. 1890년 독일 유학을 거쳐 1892년 내무성 위생국장에 취임하였다.

고토는 1898년 타이완 총독에 부임하는 고다마 겐타로(児玉源太郎)에게 발탁되어 타이완총독부의 민정 국장으로 취임하였다. 그는 타이완에서 제당업을 일으키는 외에 철도 및 항만 건설, 토지사업 실시, 장뇌·식염·담배 전매 등을 추진하면서 식민지 지배의 기틀을 쌓았다. 이후 1906년 남만주철도주식회사 총재, 1919년 타이완 개척을 위한 교육기관인 척식대학(拓殖大学) 학장 등을 지내고 관동대지진 이후 도시

부흥계획을 추진하였다.

하라는 식민지와 만주 지배에서 육군을 견제하기 위하여 고토를 만철총재에 임명하고 관동부 도독 고문 임명에서 친임 대우를 해주는 등 여러 면에서 지원하였다. 정책적으로 대립하는 인물이지만 정치적 기량을 높이 평가했다고 볼 수 있다.

마지막으로 하라의 정치 인생의 악연으로 오쿠마 시게노부(大隈重信, 1838~1922)를 들 수 있다. 오쿠마는 사가번(佐賀藩) 출신으로 구로다 기요타카(黑田淸隆) 내각의 개척사 관유물 불하사건을 폭로하고 구로다, 이토 등 번벌정부 지도자와 대립하면서 1882년 입헌개진당을 결성하였다. 또한 도쿄전문학교(현 와세다대학早稲田大学)를 개설하였다. 1888년 외무대신, 1907년 와세다대학 총장 등을 거쳐 1898년과 1914년에 내각 총리대신에 취임하였다. 하라가 「우편보지신문」를 떠나고 오쿠마 외무대신 시기에 외무성을 사직한 것은 정책적 대립이라기보다는 성격적으로 잘 맞지 않았기 때문이라고 할 수 있다.

제2장 제1차 외무성 시대와 농상무성시대

외무성

신문사를 그만두고 도쿄로 돌아간 하라는 사이토 슈이치로(斎藤修一郎)의 알선으로 1882년 11월 25일 외무성 어용괘 공신국(御用掛公信局)에 번역 담당으로 채용되었다. 도호쿠 지방 출신이 정부에 들어가기는 어려웠지만 그나마 그들에게 열려 있는 곳이 외무성이었다. 반면, 국가 권력의 중심 관청은 내무성과 농상무성이었다. 하라는 외무성에서 농상무성, 그리고 내무성으로 한 발씩 나아가면서 정치가로서 성장해갔다고 할 수 있다.

하라는 외무성에 근무하면서 1883년 7월에 태정관(太政官) 어용괘 문서국 근무도 겸하게 되었다. 당시 문서국에서는 관보를 발행하려는 계획을 하고 있었기 때문에 신문 발행과 편집 경력이 있는 하라도 그 일원으로 발탁된 것이다. 정부는 민간신문에 대항하는 언론기관으로서 관보를 발행할 계획을 세우고, 하라 이외에도 유능한 인물을 문서국에 모았지만, 정작 발행된 관보는 정부의 공문서를 발표하는 기관이 되었다. 결국 문서국에 모인 하라를 비롯한 인재들은 제대로 활동할 수 있는 장을 얻지 못하게 되었다.

톈진영사시대

언론을 무대로 하는 하라의 활동이 연이어 좌절을 겪을 무렵, 동아시아에서는 베트남 지배를 둘러싸고 청나라와 프랑스의 대립이 격화되고 있었다. 프랑스가 베트남에 진출하게 된 것은 18세기 중엽으로, 베트남의 남북 대립에 프랑스가 선교사를 통해 관여하게 되면서부터였다. 특히 1858년 에스파냐 선교사 처형문제로 프랑스와 에스파냐가 베트남에 군사를 파견한 결과, 1862년 프랑스와 베트남 사이에 불평등조약인 사이공조약, 1874년 제2차 사이공조약이 체결되어 베트남 지배를 노리는 프랑스의 목적은 더욱 노골화되었다.

이에 대해 청나라는 베트남에 대한 종주권을 상실하는 제2차 사이공조약에 대해 반대를 표명하면서 프랑스 세력 침투를 막으려 하였다. 주전론이 대세인 가운데 리홍장은 프랑스와의 담판으로 베트남 문제를 해결하려 하였다. 1882년 리홍장은 프랑스 공사와 톈진에서 담판하여 중국인 군대를 윈난(雲南), 구이저우(貴州)로 철수시키는 대신 프랑스도 베트남을 점거하지 않는다는 내용에 합의하였다. 그러나 이 사실을 몰랐던 흑기군(청나라 무장세력)이 프랑스군과 충돌하여 승리하면서 각각 이 교섭에 불만이었던 양국은 다시 충돌하게 되었다.

1883년 8월 15일 프랑스는 베트남 후에를 공격하였으며, 그 10일 후인 8월 25일 후에조약이 체결되었다. 그 내용은 베트남은 프랑스의 보호국이 되고 빈투언(Binhthuan)을 프랑스에 할양하며, 프랑스는 홍하(紅河, 송코이 강)의 양안에 군사 보급지를 설치하고 흑기군을 축출한다는 것이다. 이에 대해 중국 주전파는 베트남 원조를 주장하였다. 외교적 해결을 주장하는 리홍장이 다시 교섭을 시작하였으나 결렬되었으며, 프랑스는 다시 흑기군을 공격하였다.

프랑스는 1884년 4월에 푸르니에를 중국에 파견하여 담판한 결과, 청은 프랑스의 베트남 보호권을 승인하고 베트남에 주둔하고 있던 청군을 철수시키는 대신, 프랑스는 중국의 변경을 침범하지 않는다는 5개 조의 청-프 간명조약을 체결하였다. 그리고 프랑스는 1884년 6월에 베트남과 제2차 후에조약을 체결하고 통감을 베트남에 두기로 하였다.

이러한 정세 속에서 일본 정부는 프랑스와 연합하여 청과의 사이에서 현안인 류큐(琉球) 문제 등을 한 번에 해결하려고 하였다. 1870년 직예총독 겸 북양대신에 임명되어 북양, 즉 허베이, 산둥, 펑톈에 육·해군을 창설한 청국의 실력자 리훙장은 당시 톈진에 근거지를 두고 있었다. 일본 정부는 톈진에 프랑스어가 가능한 영사를 파견하려고 하였으며, 이때 발탁된 외무성의 인재가 바로 하라 다카시였다.

1883년 11월, 마침 지방에 출장 중이었던 하라는 급히 도쿄로 돌아오라는 명을 받았고, 그 길로 11월 26일에 청국 톈진영사에 임명되었다. 당시 중국에는 일본인이 별로 없었고 톈진의 영사관도 황야에 덩그러니 서 있던 시절이었다. 톈진 부임 직전에 만 26세의 하라는 나카이 히로시(中井弘)의 딸 사다코(貞子)와 서둘러 결혼하였다.

얼어붙은 톈진항에 입항하기 위해서는 치푸(芝罘)를 돌아서 가야 했기 때문에 12월 5일에 일본에서 출발했지만, 1884년 1월 14일에서야 톈진에 도착할 수 있었다. 하라는 부임 후 각국 영사에게 착임을 통지하고 1월 28일에 리훙장을 방문하였다. 톈진에서 하라는 리훙장과 교류하는 한편, 톈진 주재 프랑스영사 리스테르유베르와도 긴밀히 연락하였다.

당시 청국에는 에노모토 다케아키(榎本武揚)가 특명전권 공사로 베이징에 부임해 있었다. 하라의 임무는 에노모토 공사를 대신하여 리훙장과 교섭하고, 정보를 수집하여 공사와 일본 외무성에 보고하는 것이었다. 하라는 조선의 갑신정변이나 영국의 러시아 전략, 거문도 점령 등에 관한 상세한 보고를 하였다. 그가 외무성에 보낸 전보문 상당수가 현재 남아 있다.

하라 영사의 보고는 정계 주요 인물 발언의 핵심을 잘 파악하여, 그 자신의 주관을 담아 정밀하게 기술한 것이 특징이었다. 조선 내정에도 깊이 간섭하고 있었던 리훙장은 1884년 12월 14일에 갑신정변이 일어나자, 조선에 파견된 우다청(吳大澂)의 보고서를 하라에게 보여주기도 하였다.

1884년 5월 베트남 문제를 둘러싸고 프랑스와 청불전쟁의 조짐이 짙어지자 청국은 서울에 주둔시킨 3,000명의 청군 중 1,500명을 베트남전선으로 이동시켰다. 이 틈을 타서 김옥균, 박영효, 서광범, 윤치호 등이 청국의 조선 자주독립 침해와 내정 간섭에 대항하여 일으킨 것이 갑신정변이다. 김옥균 등 개화당은 12월 4일 우정국 낙성식 축하연을 계기로 정변을 일으키고 이튿날 개혁 정치의 지침인 혁신 정강을 제정, 공포하였다. 그러나 청국은 프랑스와 화의를 맺는 한편, 조선에 대한 영향력을 지키려 하였으며, 김옥균 등을 지원하던 이노우에 외무경이 직전에 태도를 바꾸고 배신하여 철병하는 바람에 군사적 지원을 받지 못한 점, 개화정책을 지지할 사회계층이 미성숙한 점 등이 원인이 되어 갑신정변은 결국 실패하였다. 일본은 조선과 한성조약을 체결하는 한편, 청국과 1885년 4월에 톈진조약을 체결하였다.

이토 히로부미를 특명전권대사로 하는 일본대표단은 톈진 영사관에서 묵으면서 청국과 교섭을 진행하였는데, 약 1개월간 이토 대사 일행을 접대하면서 직예총독이자 북양대신 리훙장과의 회담을 총괄한 것은 하라였다. 훗날 이토가 입헌정우회를 창당하였을 때 하라가 입당하게 되는 인연은 여기서 비롯되었다. 일개 영사에 불과한 하라는 정보 수집 등 기초적인 업무에 종사할 뿐 외교상의 중요한 교섭이나 정책 결정에 관여하지는 못하였다. 그러나 갑신정변 사후 처리를 위한 청일교섭은 하라에게 업무능력을 발휘할 수 있는 기회를 제공하였다.

이토가 귀국한 지 한 달도 되지 않아서 하라는 파리공사관 근무를 명받게 되었다. 이는 중국과의 회담에서 하라의 공적을 인정한 이토가 이노우에 외무경에게 추천하였기 때문이었다. 도호쿠 지방 출신에 뚜렷한 인맥이 없는 하라는 톈진영사를 디딤돌로 삼아 다음 무대를 개척하는 데 성공한 것이다.

파리공사관시대

하라는 1885년 4월에 귀국하여 10월에 다음 부임지인 파리를 향하여 도쿄를 출발하였다. 12월 2일에 파리에 도착하였을 때 주프랑스공사는 하치스카 모치아키(蜂須賀茂詔)가 맡고 있었다. 당시 일본의 유럽 외교 시스템은 아직 제대로 정비되지 않았기 때문에 하치스카 공사가 스페인·포르투갈·스위스 공사도 겸하고 있었다. 이러한 상황이었기 때문에 파리의 공사관 활동은 정체되어 있었다.

약 4년간의 파리 근무는 하라에게 유학생활과 다름이 없는 시간이었다. 사법성학교 중퇴 학력의 하라가 언론계와 외무성에 발탁될 수 있었던 무기는 프랑스어였지만, 사실 프랑스어로 일상적인 대화를 할 수 있는 수준은 아니었다. 파리 근무를 통하여 하라는 비로소 프랑스어를 제대로 배울 기회를 얻게 되었으며, 그 밖에 청강생으로 국제법을 공부하였다. 부임 후 조금 지나서 필두서기관이 된 하라는 공사관 활동을 궤도에 올리는 한편, 샹젤리제 거리에 파리일본인회를 창설하였다. 그리고 하치스카가 1886년 7월에 귀국한 후에는 대리공사로 근무하였다.

이 시기에 하라는 같은 시기에 독일공사로 근무하였던 사이온지 긴모치(西園寺公望)와 교류하였다. 사이온지는 1885년부터 1886년 6월까지 빈에 주재하면서 오스트리아-헝가리제국 공사를 역임하였으며, 1888년 6월 독일 겸 벨기에 공사로 베를린에 주재하였고, 9월부터는 로마교황청에 파견되는 특명전권대사도 겸하였다.

이 시기에 사이온지는 1년의 3분의 1을 파리에서 지냈으니 그들의 정치적 인연은 여기서 시작된 것이다. 한편, 야마가타 아리토모(山県有朋)도 이 시기에 지방제도 조사를 위해 유럽과 미국을 시찰하였는데, 파리에서 하라가 그를 응대하면서 인연을 맺었다.

이처럼 파리공사관 근무는 하라에게 유학의 기회와 다양한 사람들과의 교류를 얻게 해주었다. 그런데 1888년 2월에 오쿠마가 외무대신으로 취임하자 파리의 하라에게도 11월에 귀국 명령이 내려졌다. 하라는 파리 근무를 1년 더 연장하고싶다고 청원하였으나, 결국 받아들여지지 않아서 12월에 귀국길에 오르게 되었다.

농상무성 참사관시대

귀국 후 하라는 외무성을 떠나 1889년 4월에 농상무성(農商務省) 참사관으로 자리를 옮겼다. 후견인 이노우에 가오루가 농상무대신으로 옮기고 친우인 사이토 슈이치로도 농상무성에 있었기 때문이기도 했지만, 하라는 일기에 '외무대신 오쿠마가 나에 대해 오해하는 점이 많아서 옮긴다'고 기록하였다.

하라는 이후 참사관에서 농상무대신 비서관으로 옮겼지만 병으로 농상무대신이 교체되었다. 차기 농상무대신으로 내정된 무쓰 무네미쓰(陸奧宗光)는 1890년 5월의 취임을 앞두고 하라에게 '다른 계획이 있거나 자신을 신용하지 못하는 것이 아니라면' 계속 대신 비서관을 맡아달라고 요청하였다. 야마가타 아리토모 수상이 주미공사였던 무쓰를 농상무대신으로 발탁함으로써 11월에 개설되는 제국의회 대책에 힘써 줄 것을 기대한 것이다. 그러나 당시 농상무성은 내분으로 조직이 분열되어 있었으며, 하라 역시 그때까지 제대로 된 일을 맡아보지 못하였다. 그러한 시기에 무쓰가 하라에게 농상무성의 인사를 맡기고 유임을 요청한 것이다.

대신의 비서관은 사실상 소소한 잡일을 담당하는 한직이었는데, 무쓰가 부임하자 하라는 참사관으로 복귀하여 대신의 정무상담역이 되었다. 하라는 무쓰 아래서 자신의 능력을 제대로 발휘하기 시작하였으니 비로소 자신을 알아주는 상사를 만난 것이다.

일본에서 의회가 설치되어 제1회 중의원선거를 실시한 것은 1890년이었다. 무쓰는 중의원 선거에 출마하여 당선되었으며, 제1차 야마가타내각과 제1차 마쓰카타(松方)내각에서 농상무대신을 역임하였다. 무쓰의 이러한 정치활동에는 시종 비서관 하라의 도움이 있었다.

그런데 제2회 중의원 선거에서 선거간섭 처벌 문제를 둘러싸고 논란이 일어나, 관계자 처벌을 주장하는 무쓰는 1892년 3월 14일에 사직하였다. 하라는 무쓰에 의해 임명된 것이 아닌데도 무쓰와 함께 농상무성을 떠났으며, 이후 무쓰와 진퇴를 함께하였다.

제3장 제2차 외무성 시대와 한국

외무성 통상국장

하라가 농상무성을 거쳐 다시 외무성으로 복귀한 시기를 제2차 외무성 시대로 부르기로 하자. 농상무성을 사임한 후 하라는 약 5개월 정도의 공백기를 보냈다.

농상무성에서의 능력을 인정받은 그에게 다음과 같은 두 가지 제안이 들어왔다. 하나는 칙임국장 취임이고 다른 하나는 조선공사였으니, 둘 다 나쁘지 않은 제안이었다. 하라는 전자에 대해서는 깨끗이 거절하였지만 후자에 대해서는 어느 정도 생각이 있었다.

그런데 그사이에 제2차 이토 히로부미 내각이 발족하여 무쓰는 외무대신에 취임하였다. 마침 지방에 가 있었던 하라를 무쓰가 속히 도쿄로 돌아오라고 불러들여, 하라는 8월 13일에 외무성 통상국장에 취임하였다. 외무성 통상국장은 세계 주요 무역도시에 설치된 영사관을 통괄하는 중요한 자리였다.

이 시기 하라의 중요한 업적으로 외교전문가를 양성하기 위한 외교관 채용시험제도를 만든 것을 들 수 있다. 그 전에는 외교관이나 영사관도 다른 관청과 같은 일반 행정관이었지만 이후에는 특별시험제도를 통해서만 외교관을 양성하게 된 것이다.

외교관이라는 직업을 특정화시켜서 특별시험을 통과하지 못한 사람은 임용하지 않고, 또한 그런 관문을 통과하여 임용된 사람이 다른 분야로 전임하지 못하도록 하는 데 목적이 있었다. 외국어가 가능하면서 외국 사정에 정통한 사람이 적었던 시대에 다른 행정관료와는 다른 외교전문가를 양성하는 특별시험제도 실시는 매우 획기적이었다.

하라가 외무성 통상국장으로 재직한 기간은 1892년 8월부터 1895년 5월까지 약 2년 10개월 정도였다. 이 시기에 외무성은 서구 열강과 체결한 불평등조약을 개정하는 조약개정문제, 하와이 이민문제 등을 처리하였으며, 조선의 방곡령에 대한 대응도 큰 현안이었다. 이에 통상국장인 하라가 직접 약 3주간 조선으로 출장을 가게 되었다.

조선 출장

하라는 외무성 통상국장 취임 직후인 1892년 9월 8일에 방곡령 손해배상 담판 및 그 밖의 건으로 조사를 하고 조선 정부와 교섭하기 위한 조선 출장을 명받았다. 구체적 일정은 9월 27일 오후에 기차로 도쿄 신바시(新橋)역을 출발하여 고베(神戶), 모지(門司)와 나가사키(長崎)를 거쳐 10월 3일 부산에 도착하는 여정이었다.

하라가 조선 정부와 협상했던 안건은 크게 두 가지로 방곡령과 일본인의 제주도 어업 금지에 대한 대응이었다.

먼저, 조선 정부의 일본인 제주도 어업 금지 요청에 대한 대응을 살펴보기로 하자. 음력 2월 13일 쓰시마(対馬) 출신의 고야나기 시게키치(小柳重吉) 등 110명이 13척의 크고 작은 선박에 나눠 타고 성산포에 정박하여 가건물을 세우고 어로·채취작업을 하였다. 이어서 음력 2월 17일에는 나가사키(長崎)현 야마구치 요시타로(山口佳太郎) 등 34명이 5척의 배에 나눠 타고 성산포에 와 미리 온 일본인들과 함께 가건물을 세우고 어로를 하여, 연해의 어부들과 해녀의 생업을 방해하였으므로 1892년 초 제주목사가 통리아문에 일본 어부들의 제주도 부근 어업 규제를 요청한 것이 발단이었다.

1883년 체결된 조일통상장정(朝日通商章程)에 의해 일본 어민들은 한반도 해역에서 어로 활동을 보장받았는데, 그들은 근대적인 어로채취 기계인 잠수기로 해삼, 전복 등을 대량으로 채취하여 전통적인 여성들의 잠수어업으로 생계를 지탱하는 제주도민들의 생계를 위협하였다.

조선 정부는 제주도를 일본인들의 통어 구역에서 제외하고자 1889년 11월 12일에 조인된 조일통어장정에 1년간 일본인의 제주도 통어 금지라는 잠정조항을 포함했다. 하지만 일본은 1890년 5월에 통어 금지 조처를 해제하겠다고 통지하였다.

조선 정부는 1891년 8월 협판내무 르장드르(Le Gendre, C. W., 李善得)를 변무사로 임명하고 일본에 파견하여 일본 어민의 제주도에서의 어업 금지를 요청하였다. 조선 출장에 앞서 9월 23일 무쓰 외무대신은 하라에게, 조선 정부가 제주도 어업 금지의 대가로 대동강 개항, 거류지 설치를 제의해왔는데 이곳이 무역상 어떤 편의와 이익이 있는가, 대동강을 개항하고 철도(鐵島)를 거류지로 정하겠다는 제안을 했는데 철도는 과연 일본 상업상 편리한 장소인지 등을 조사하도록 하였다.

이에 대해 하라는, 부산 기항 중 무라타(村田) 총영사와 노세(能勢) 영사대리에게도 조사를 의뢰하여 경성에 체류 중인 10월 12일과 귀국 후인 10월 30일 두 차례에 걸쳐 보고서를 제출하였다.

조선 정부와 교섭에서 하라는 제주도 어업을 금지하고 대동강 지역을 개항했을 경우 그 이익이 적기 때문에 일본 어민의 활동을 제주도 일부 지역으로 한정하되 이에 대한 대가로 다른 유리한 지역에 건어장을 허가받아 결국 이중 혜택을 얻으려 하였다.

조선 정부의 입장에서 보면 지역을 한정한다고 해서 제주 어민의 피해가 줄어들지 않는 데도 다른 지역까지 개방해야 하는 것이었다. 이 시기의 제주도 통어 금지문제는 타협을 보지 못하였으나 일본의 조선 지역 조사작업은 이후의 추가 개항지 요구와 결부된다고 생각되므로 하라의 이러한 인식은 결국 그의 주한 공사시대의 추가 개항지 조사와 관련된다고 할 수 있다.

두 번째로 방곡령사건에 대한 하라의 교섭을 살펴보자. 방곡령이란 1876년 개항 이후 일본으로의 미곡 수출이 증대되면서 조선 국내 곡가의 등귀와 곡물의 품귀현상이 나타났다. 이에 지방관들이 자기 지방의 미곡이 타지방 또는 외국으로 유출되는 것을 방지하고자 실시한 곡물 반출 금지령이다. 일본에 의한 곡물 유출을 저지할 명분이 없던 조선으로서는 한발, 수해, 병란으로 국내 식량의 부족이 우려될 때 1개월 전에 사전 통보하여 방곡령을 내릴 수 있다는 조일통상장정 체결로 제한적이나마 법제적인 장치를 갖게 되었다. 그러나 조선 측의 방곡령에 대하여 일본은 외교적으로 항의하여 방곡령을 철회시키는 한편, 지방관의 경질 등을 요구하였다.

1885년 한영수호통상조약(韓英修好通商條約)에 균점하여 일본 상인의 조선 내지여행·행상 제한이 철폐되자 일본 상인은 부산, 인천, 원산의 거류지를 발판으로 각지에서 곡물을 구입하였는데, 이는 생산지와 깊게 밀착하여 지방관의 행정권한에 저촉되었다.

하라의 출장을 초래한 방곡령사건은 1889년 5월의 황해도 방곡령사건, 1889년 10월의 함경도 방곡령사건, 1890년 3월의 황해도 방곡령사건 등 3건이었다. 1889년과 1890년에 황해도와 함경도에서 실시된 방곡령은 정부의 방곡령 철회 지시를 따르지 않고 지방 차원에서 강행되었다는 점, 일본 상인 측도 배상을 요구하면서 일본 정부의 권유를 묵살하고 강경하게 대응했다는 점에서 외교적인 마찰로 확대되었다.

일본 상인들은 1889년의 쌀값 폭등으로 보아 1890년 봄의 춘궁기에는 쌀값이 더욱 치솟을 것이라고 예상하고 조합을 만들어 제일은행에서 돈을 빌렸다. 1889년 9월부터 사업에 착수하여 10월 11일 평양에 도착하여 이곳을 근거지로 평안도, 황해도 각지에 점원을 파견하여 곡물을 구입하였다. 이들이 1889년 10월부터 1890년 3월까지 6개월간 구입한 곡물은 6만 4,773석에 이르는 엄청난 물량으로, 방곡령 시행 기간이 11일에 불과한데도 방곡령에 따른 손해 배상을 조선 정부에 청구하여 외교 문제로까지 비화되었다.

일본 정부도 '그들의 미곡 독점 계획이 차질을 빚은 것일 뿐 과연 방곡의 피해라고 할 수 있는 것이 얼마나 되겠는가' 하고 인정하였지만, 거류지 상인에 대해 배상청구금액을 감액하는 점은 통제하면서도 이후 조선 정부와의 교섭 과정에서는 거류지 상인의 요구를 대변·보호하고 이를 위해 국가 권력을 다양한 면에서 사용하였다.

방곡령사건에 대한 배상청구 교섭은 1891년 12월부터 1893년 6월까지 진행되었는데, 1892년 8월까지의 교섭은 제1차 마쓰카타(松方) 내각에서 외무대신 에노모토 다케아키(榎本武揚), 조선공사 가지야마 테이스케(梶山鼎介)에 의해 진행되었다. 이 교섭의 논점은 원산 방곡령사건의 배상 책임이 조선 정부에게 있는가에 관한 것으로, 가지야마공사는 사건을 조기에 해결하기 위하여 조선 정부의 제안에 따라 4만

8,000여 엔 배상을 받아들이는 선에서 해결하도록 외무대신을 통하여 촉구하였다.

그러나 감액안에 강경하게 반대하는 거류지상인들이 가지야마 공사의 외교 자세를 우유부단하다고 비난하자, 결국 가지야마 공사도 마지막까지 일본 안을 관철시키려는 태도로 전환하였다.

방곡령에 대한 조선 측 교섭 담당자는 독판교섭통상사무(督辦交涉通商事務) 민종묵(閔種默)이었다. 문제는 일본에 대한 조선의 피해 배상 액수였는데, 4차에 걸친 협상에서 조선 정부는 6만여 엔 선에서 협상하기를 원하였지만 민종묵은 금액을 제시하지 않고 일본 쪽이 원하는 금액을 먼저 제시할 것을 요구하였다. 하라는 민종묵이 일본 정부의 의사와 상당한 금액을 지불하여 일을 매듭짓는 것이 득책이라는 것을 알고 있지만, 조선 정부 안에서 반대론이 강경하여 독판이 이를 제압하기 어렵다고 파악하였다.

하라는 정부를 움직일 수 있는 구실을 독판에게 부여하기 위하여 협상을 밀어붙여 서둘러 경성을 떠나고 일본 정부도 강경한 태도를 취한다면 예상 밖의 빠른 결론을 얻을 수 있다고 보았다. 그러나 하라의 이런 강경한 태도에도 불구하고 교섭은 결론을 보지 못하였다.

귀국 후 하라는 10월 28일에 교섭 경과에 대한 보고서를 제출하고, 11월 9일에 「방곡령사건처분의견서(防穀令事件處分意見書)」를 제출하였다. 이 의견서에는 방곡령 교섭에 대한 하라의 단계별 대응이 들어 있어 주목된다.

제1 단계는 민종묵 독판의 조사 후 협의하겠다는 말에 따라 조사를 허용하되 언제까지 조사를 마치는지 일시를 정하게 할 것이며, 제2 단계는 만일 이에 대해 조선 측이 일시를 정할 수 없다거나 조사가 안 끝났다고 하거나 조사 결과 일본의 청구금액과 차이가 크게 날 때는 일본 공사가 국왕을 알현하여, 직접 사실을 진술하게 하는 것이 적당하다는 것이다. 제3단계로 국왕에게 직접 진술하는 것이 허용되지 않을 경우 일본 공사를 즉시 귀국시켜 조선 정부의 반응을 살필 필요가 있으며, 제4 단계로 일본공사가 귀국 후 시간이 경과한 다음에도 조선 정부가 움직이지 않을 때는 임시대리공사 혹은 새로 임명되는 사신이 일본 정부가 원하는 조처를 취하겠다는 뜻을 알릴 것이며, 제5 단계에서 그래도 만족을 얻지 못할 때는 군함을 파견하여 위에 언급한 것 중 하나의 조치를 취할 것을 제안하였다.

이 내용은 조선 측이 미온적으로 나올 경우 단계별로 점점 강도를 높여 대응해야 한다는 것이다. 이는 교섭 과정에서 진전이 없자 조선 측에 확답을 촉구하면서 서둘러 귀국한 차후 대책으로 마지막에는 군함 파견까지 고려한다는 점에서 매우 충격적이다. 더욱이 마지막에는 1885년 일본과 중국과의 사이에서 체결된 톈진조약에 따라 중국에 대하여 조치를 취할 것과 부산·인천의 세관 차압, 각지의 공미 차압에 관하여 언급하였다.

하라는 좀 더 단호한 조처를 취해줄 것을 일본 정부에 요청하였고 조선은 독판을 교체하였다. 이에 대해 하라는 조선 정부가 후환을 두려워해 관용수단을 쓴 것이라고 비판하였다. 일본 정부는 1892년 11월 24일 가지야마 공사에게 귀국 명령을 내리고 오이시 마사미(大石正巳)를 조선공사로 임명하였다.

역대 조선 공사들이 공사로 임명되기 전에 조선을 방문한 경험이 있거나 주한 일본공사관, 또는 영사관에서 근무한 경력이 있는 데 비해 재야의 자유민권론자로 활약한 오이시가 조선공사에 발탁된 것은 제2차 이토 내각의 야당회유책의 일환이라는 점에서 파격적인 인사였다.

1893년 3월 25일 오이시는 고종을 알현하면서 방곡령사건을 질질 끄는 독판의 책임을 추궁하였다. 이는 중대한 외교상의 결례로 조선 정부는 일본 외무성에 항의하였다. 이러한 오이시의 태도에 대하여 하라는 '외교상 경험이 없기 때문에 이런 실책을 범하였다'고 비판하였다.

일본 정부는 조선과의 교섭을 위하여 위안스카이에게 거

중조정을 요청하였으나 별다른 효과를 보지 못한 가운데 오이시의 태도에 대해 조선 정부의 태도가 경색되자 다시 리홍장에게 조정을 의뢰하였다.

일본 정부는 5월 2일의 각의 결정을 통해 오이시에게 조선 정부에 마지막 담판을 시도하여 2주 안에 확답하도록 촉구하고 승낙하지 않을 경우 인천으로 철수하여 외무대신의 훈령을 기다릴 것을 지시하였다. 결국 조선은 최후통첩의 마지막 날인 5월 19일 3건의 방곡령사건에 대하여 11만 엔의 배상금을 지불하겠다고 통고하였다.

이 출장에서 하라는 외교관 신분이 아니었기 때문에 조선 정부 인사들과 공식적으로 접촉하지 않았고, 고종을 알현할 기회도 없었다. 그러나 경성에 도착한 이틀 후인 10월 9일에 통리아문에서 방곡령문제 협상을 위해 민종묵을 만나고 돌아오는 길에 대원군을 방문하였다.

조선 출장과 조선공사 시기 하라의 일기를 보면 대부분의 조선 고관들에 대한 평가가 부정적이고 비판적인 데 비해 대원군에 대해서는 '73세의 고령임에도 장건'하다고 경탄하였으며 자신을 접대하는 대원군의 태도가 매우 노련하다고 평가하였다.

청일전쟁 사후 처리와 타이완 관제 제정

하라는 청일전쟁 개전 직후에 "장래의 한국에 대한 정책은 조선을 유도하여 개명 부강시킴과 동시에 우리 제국의 권리 및 이익을 확장하는 것이 당연"하다고 일기에 기록하였다. 즉 이익권역으로서 조선을 장악하는 데 찬성하는 입장이었다.

청일전쟁의 결과 시모노세키(下關)강화조약이 5월 13일에 공포되었으며, 그 후 삼국간섭으로 일본이 할양받은 랴오둥(遼東)반도를 돌려주게 되었다. 그 직후인 5월 22일, 하라는 외무차관에 임명되었다. 청일전쟁을 지휘한 무쓰 외무대신이 와병중이라 사이온지 문부대신이 외무대신을 임시로 대리하고 있는 상황이었기 때문에 외무성 실무의 대부분은 사실상 하라가 관장하게 되었다. 더욱이 하라가 외무차관으로 재임했던 1895년 5월~1896년 6월에 조선에서는 명성황후 시해사건과 고종의 아관파천이 있었으며, 일본으로서는 처음으로 차지한 해외 식민지 타이완에 대한 지배를 시작한 중요한 시기였다.

청일전쟁이 끝나자 당시의 이토 히로부미 정권은 1895년 6월 13일 내각에 타이완사무국을 설치하였다. 총재는 수상인 이토 히로부미가 맡았으며, 부총재는 참모차장 가와카미

소로쿠(川上操六)였다. 사무국위원으로는 각 성에서 유력자가 선발되었는데 외무성에서는 하라가 선발되었다. 그 밖에 내각서기관장 이토 미요지(伊東巳代治), 법제국장관 스에마쓰 겐초(末松謙澄), 대장차관 다지리 이나지로(田尻稲次郎), 체신성 통신국장 덴 겐지로(田健治郎), 육군차관 고다마 겐타로(児玉源次郎), 해군성 사무국장 야마모토 곤베(山本権兵衛) 등이 위원으로 참여하였다.

식민지를 경영해본 경험이 없는 일본이 처음으로 한 일은 식민지 통치의 기본 틀을 만드는 것이었다. 하라가 타이완사무국 위원으로 선발된 것도 식민지를 가지고 있는 프랑스의 역사와 법 제도를 잘 안다는 이유에서였다. 하라는 식민지 경영 선진국인 프랑스의 예를 들면서 '타이완 문제 2안'이라는 제목의 의견서를 사무국에 제출하였다. 하라는 타이완에 관한 여러 종류의 문제를 논의하기에 앞서 갑과 을, 두 가지 안을 제시하고 그중 하나로 결정하자고 제안하였다. 갑은 타이완을 식민지 즉 콜로니로서 간주하는 것이며, 을은 타이완이 내지(일본 본토)와 다소 제도를 달리하지만 이를 식민지로는 간주하지 않는다는 것이다. 그리고 하라는 다음과 같은 부연설명을 덧붙였다.

갑안에 따를 때는 유럽 여러 국가의 적절한 사례와 같이 타이완 총독에 충분한 직권을 부여하여, 타이완이 가능한 한 자치 영역에 도달하게 하는 것이 필요하다.

을안을 따를 때는 마치 독일의 알자스 로렌에서와 같이, 또한 프랑스의 알제리에서와 같이 타이완 총독에게 상당한 직권을 부여해야 하지만 타이완의 제도는 되도록 내지와 가깝게 하여 마침내는 내지와 구별이 없게 할 필요가 있다.

하라는 을안을 지지하였는데, '타이완과 내지는 근접하며 장래 통신·교통은 점점 이 거리를 줄여줄 것이다. 하물며 타이완의 인민은 유럽 여러 나라가 다른 인종을 지배하는 것과는 전혀 정황을 달리하는 인민이다'라는 이유에서였다. 하라는 식민지 통치에 있어서 '동화(同化)'라는 말을 직접 사용하였으나, 하라의 생각은 '동화'를 직접적인 목표로 삼기보다는 '동화의 가능성을 전제조건으로 제도를 선행시키려는' 것이므로 '내지연장주의'라고 규정되기도 한다.

이어서 하라는 ①법률에 관해서는 점차 내지와 같이 시행하고, 또한 타이완으로 새로 제정한다. ②관제에 관해서는 타이완 총독이 그 섬에서 최고 행정관이지만 그 위에 국가로서 '타이완 사무 대신'을 둔다. ③타이완에서의 육군, 해군, 우편, 전신, 철도, 세관, 재판 등은 타이완 총독에 일임하지 말고 '내지'의 각각의 관청이 그것을 직접적으로 관리한다는 내용을 제시하였다.

다음은 타이완 총독을 무관으로 할 것인가, 문관으로 할 것인가 하는 문제였는데, 하라가 문관 총독을 주장하자 이토 미요지와 뎅 겐지로는 물론 해군인 야마모토도 찬성하였다. 참모차장인 가와카미가 이러한 야마모토의 태도를 비판하면서 의견이 갈렸다.

가와카미 이외 나머지가 모두 문관 총독을 지지하였는데도 이토 수상은 육군의 감정을 고려하여 이를 채택하지 못하고 결국 천황의 재가를 기다리게 되었다. 메이지 천황이 야마가타 아리토모가 주장하는 무관 총독을 채택함으로써 이 제도가 나중에 조선에도 시행되게 되었다.

타이완총독이 무관으로 한정된 것은 점령 초기 타이완의 무장 항일 투쟁이 장기적으로 격렬하게 지속되었던 것에 대한 대응이라고 할 수 있다. 당시 타이완에는 타이완군 사령부가 독립되지 않았기 때문에 타이완 총독은 군무와 행정을 동시에 관할하게 되었다.

타이완 초대 총독에는 사쓰마벌에 속하는 해군 가바야마 스케노리(樺山資紀)가 임명되었다. 이는 청일전쟁의 강화 조건으로 해군이 '랴오둥반도의 할양보다는 타이완의 할양이 필요하다'라고 요구한 데 따른 것이었다. 그러나 타이완 주민의 대규모 무력 저항이 장기화하여 육군 병력에 의한 진압이 필요하게 되자 이후 육군 총독으로 교체되었다. 그러나 어느 정도 치안이 확보된 다음에도 무관제도를 유지한 것은 번벌이나 육군에 의한 식민지 독점의 의미가 강하다.

조선공사시대

차관 취임 1년 후인 1896년에 외무대신 무쓰는 병이 악화되어 외무대신을 사임하였다. 하라 역시 6월 11일 고무라 주타로(小村寿太郎) 공사의 후임으로 특명전권공사로 임명되었다. 이때 하라의 나이는 41세였다. 그는 7월 2일에 조선에 부임하여 이듬해 2월 23일에 사임하였지만 이미 10월 초에 일본으로 귀국하였기 때문에 조선에 주재한 기간은 불과 3개월여에 지나지 않았다.

이 시기에 하라의 주요 업무는 경부철도 관련 교섭이었으나, 이 외교 교섭은 명성황후 시해사건 판결과 관련되어 진행되었다. 그가 부임하기 전인 1월 20일 히로시마법원에서 명성황후 시해사건 관계자 미우라 고로(三浦梧楼), 스기무라 후카시(杉村濬), 호리구치 구마이치(堀口久万一)에 대한 무죄 면소 판결이 났다.

명성황후 시해사건 당시 외무차관이었던 하라는 경성영

사관 1등 영사인 우치다 사다쓰치(內田定槌)로부터 8통에 달하는 사건 관련 편지를 받았다. 우치다는 명성황후를 시해한 것이 조선인 수비대의 육군소위라는 것과 만일 이를 은폐하지 않을 경우 일본에 큰 문제가 될 것이기 때문에 일본의 관여를 은폐하였다는 보고를 받은 바 있었다. 당시 일본공사인 미우라, 공사관 1등 서기관 스기무라, 영사관보 호리구치가 명성황후 시해사건에 관여한 것을 알고 있는 하라가 조선공사로 부임하여 이 문제를 두고 외교 교섭을 하게 된 것도 역사의 아이러니일 것이다.

조선 정부는 이들 모두가 무죄가 된 것에 불복하여 재판을 다시 열어줄 것을 도쿄에 있는 조선공사를 통해 외무성에 신청한 상태였다. 조선측은 철도 담판 이전에 이에 대한 답변을 듣고자 하였고, 사이온지 외무대신은 조선공사를 통해 답변하겠다고 하였지만 하라는 철도문제가 완료될 때까지 이 문제에 대한 처분을 연기하라고 답신하였다.

일본의 경부철도 부설 청원을 두 차례나 거부하였던 조선측이 결국 부설을 허가한 것은 1898년 9월이지만 하라가 이미 그 전에 경부철도 부설 허가를 받아내기 위하여 교섭하고 있었음을 알 수 있다. 그의 교섭 상대는 주로 외부대신 이완용이었으나 조선은 좀처럼 이에 응하지 않았다. 하라는 중간에 귀국하여 조선에 대한 정책을 정하고자 하였지만 사이온지 외무대신은 중도 귀국을 불허하였다.

10월 3일에 조선 정부는 일본과 계약이 성립하는 것만으로도 폭도가 봉기할 것이므로 윤허하기 어렵다고 답변하였다. 이에 하라는 10월 4일에 경성을 출발하여 귀국 길에 올랐다. 이때 외무대신은 오쿠마로 교체되었는데, 하라의 조선 사정 보고를 오쿠마는 별로 주의 깊게 듣지 않았다. 하라는 결국 11월 2일 병으로 조선 근무가 어렵다고 사직을 청하였다. 결국 조선의 가토를 조선변리공사로 승진시키고 하라의 사직이 공식 처리된 것은 1897년 2월 24일이었다.

제4장 입헌정우회 창당과
하라 다카시의 활동

정우회 창당

우선, 일본 정당의 역사를 살펴보기로 하자. 메이지유신 이후 각지에서 일어난 의회개설운동에 대하여 정부는 1881년에 10년 후인 1890년에 국회를 개설할 것을 약속하였다. 그때를 대비하기 위하여 1881년 이타가키 다이스케(板垣退助)의 자유당, 1882년 오쿠마 시게노부의 입헌개진당이 창당된 것이 일본 최초의 정당들이며, 후쿠치의 입헌제정당은 이러한 정당들에 대하여 정부가 지원하여 창당시킨 어용정당이다. 그리고 자유당과 입헌개진당의 일부가 통합하여 탄생한 것이 1898년의 헌정당이다. 하라 다카시는 후쿠치의 「대동일보」에 몸담았을 때 입헌제정당의 당세 확장을 위해 활동함으로써, 이미 정당 활동을 경험한 바 있다.

메이지정부의 초기 지도자들은 대체로 정당 조직에 관심이 있었다. 초기 정당이 정부를 비판하는 민당(民黨)과 이에 맞서 정부가 지원하는 어용정당으로 이분될 때, 이노우에·무쓰 등도 민당에 대항하여 정부를 지지하는 정당을 수립하려는 계획을 하고 있었다. 지방 행정 단위에서 중등 이상의 재산가를 지역 자치의 핵심세력으로 키워서 독립 자치의 기초를 확립하고, 중앙정치에서는 보수당으로서 안정적인 정국 운영에 공헌하게 하려는 것이 목적이었다. 당시 시가현(滋賀県) 지사였던 하라의 장인 나카이 히로시(中井弘)도 이러한 방침에 찬성이었고, 무쓰 역시 제1회 중의원 선거에 당선된 후 이토 히로부미와 자유당의 접견을 주선하였다.

이토는 초기부터 정당 조직에 관심이 있었지만, 1892년 1월에 메이지 천황에게 상주하였다가 찬성을 얻지 못하자 중단하였다. 그 후 1898년 6월에 자유당과 개진당의 합동으로 헌정당이 출현하자 다시 한번 정당조직에 도전하고자 하였지만, 수상이 정당 총재가 되면 정당내각과 같은 것이 된다는 야마가타의 비판에 뜻을 접었다. 즉 이토는 정당 조직에는 관심이 있었지만 정당정치 자체에는 부정적이었던 것이다.

마침내 이토는 1900년에 자신의 정당을 창당하였으나, 그래도 그를 정당인이라고 평가하기는 어렵다. 그는 기본적으로 기존 정당에 대해 비판적이었고, 정당의 이름에 '당'을 붙이는 것에 대해서도 거부감을 가지고 있었다. '당은 필경 중국의 붕당에서 왔으므로 속인의 눈으로 보기에 가장 기피하는 대상이다'라고 여겨 당명을 없애면 관료사회나 실업계 인사들이 거부감 없이 쉽게 가입할 수 있을 것이라고 생각하여 새 정당의 이름을 '입헌정우회(立憲政友會)'로 정하였다.

그는 헌법 시행 후 지방 명망가의 정치의식을 고양시키고 상공업자의 사회적 영향력을 증대시켜, 그들의 정치 참가를 유도하여 입헌정치를 완성하고자 하였다. 그러나 정당을 결성하는 과정에서 실업가들을 동원하는 일은 생각만큼 잘 되지 않았고 결국은 기성정당의 틀 안에서 정당을 결성할 수밖에 없었다.

정우회 결성에서 중요한 역할을 한 것은 구 헌정당 계열, 그중에서도 실권을 잡은 호시 도오루(星亨)였으며, 이토와 헌정당을 결합시키는 데 애쓴 사람은 이토 미요지(伊東巳代治)였다. 즉 정우회는 이토계 인맥과 구 자유당계 헌정당의 연합을 통해 결성되었다고 할 수 있다.

1897년 8월에 무쓰가 세상을 떠나자 하라는 「오사카마이니치신문(大阪每日新聞)」에 입사하여 사장에 취임하였다. 그는 사설을 쓰는 한편, 지면이나 경영을 개선하는 노력으로 발행 부수를 3배 확장하는 실적을 올렸다. 한편 1900년의 입헌정우회 설립은 무쓰나 장인 나카이 등이 깔아놓은 기반 위에서 획득한 결실이라고 볼 수 있었기에 하라도 이노우에 가오루의 추천을 받아 설립위원으로 참여하였다.

그는 이토와 사이온지에게 신당에 대해 상세한 조언을 하였으며, 8월 16일에 이토로부터 신정당 조직에 관한 일체의 사무를 위촉받아 실업가의 입당 권유와 정치자금 관리 등을 담당하였다. 이토는 이에 대한 보상으로 자신이 내각을 조직하게 되면 하라를 각료로 입각시키겠다고 약속하였다.

8월 25일에 입헌정우회는 창립위원회를 열고 선언 및 취의서를 발표하였으며, 9월 15일에 도쿄 제국호텔에서 결성식을 거행하였다. 입헌정우회에는 이토 총재 아래 옛 자유당계의 헌정당을 중심으로 호시·마쓰다 마사히사(松田正久) 등 152명의 의원, 그 밖에 사이온지·하라를 비롯한 많은 이토계 관료도 참가하였다. 단, 이토와 옛 자유당계 의원들을 연결한 이토 미요지는 정우회에 참가하지 않았다. 이후 정우회는 1940년에 당을 해산할 때까지 상당 기간 중의원 제1당의 지위를 차지하였다.

하라는 정우회 창당과정에 깊이 관여하면서도 오사카마

이니치신문사의 '불편부당(不偏不黨)' 방침에 따라 퇴사할 때까지는 정식 당원이 되지 않았다. 이토 내각이 발족하여 입각하게 되면 그때 신문사를 그만두고 동시에 정우회 총무위원에도 취임할 예정이었다.

마침내 1900년 10월 19일 제4차 이토 내각이 출범하였지만, 하라는 입각하지 못하였다. 정우회 창당 과정에서 활약한 옛 자유당계 인물들에게 각료 자리를 배분하느라 하라와의 약속을 지키지 못하게 된 것이다. 하라는 일기에 '이토가 박약하여 구 자유당의 네 총무위원을 입각시키지 않을 수 없었다'고 불만을 토로하였다.

이토는 빈 자리가 생기면 하라를 입각시키겠다고 약속하고 우선 귀족원 칙선 의원에 추천하기로 하였다. 이에 따라 하라는 11월 22일에 오사카마이니치신문사를 퇴사하였다. 그런데 하라에게 입각 기회는 생각보다 빨리 찾아왔다. 체신대신 호시가 도쿄시회 뇌물사건에 관련되었다고 고발당하여 사임하게 된 것이다. 하라는 우선 12월 19일에 정우회 총무위원 겸 간사장에 지명되었으며, 12월 22일에 호시에 이어 체신대신에 취임하였다. 그리고 다음 총선거에서 고향인 모리오카에서 입후보하여 중의원 의원이 된 이래 연속 당선되었다.

제4차 이토 내각이 귀족원의 예산안 부결로 총사직했기

때문에 하라의 첫 각료 기간은 그다지 길지는 않았다. 그러나 그는 정우회 창당 멤버인 호시가 암살당한 후 상무위원이 된 마쓰다와 함께 당 운영에 두각을 나타내었으며, 사실상 두 사람이 당무의 실권을 잡게 되었다.

한편, 이토는 1903년 7월 추밀원 의장에 임명되었는데, 그것은 이토를 정당에서 손을 떼게 하려는 야마가타와 가쓰라 다로(桂太郎)의 획책이었다. 정우회 총재를 사임한 이토는 사이온지 긴모치를 제2대 정우회 총재로 지명하였다. 사이온지는 귀족원 부의장, 문부대신, 수상 임시대리, 추밀원 의장 등을 역임한 거물이지만 정우회의 당무에는 관여하지 않고 당 운영을 하라와 마쓰다에 맡겼다.

게이엔(桂園)시대 탄생

일본에서 내각제도가 발족된 1885년 이래 1세대 리더인 이토 히로부미와 야마가타 아리토모 등이 내각을 수립하였다. 이 시기의 특징은 조슈번(長州藩) 출신의 조슈벌(長州閥), 또는 조슈파(長州派)와 사쓰마 출신의 사쓰마벌(薩摩閥) 또는 삿파(薩派)가 교대로 정권을 잡았으며, 같은 번 출신을 중심으로 하는 번벌(藩閥)이 출세의 기본 인맥으로 통용되었다.

이들 1세대 리더들이 러일전쟁 후에 일선에서 물러나자 가쓰라나 사이온지, 야마모토 곤베(山本權兵衛) 등 2세대 리더들이 러일전쟁과 전시 국내 정치를 지도하면서 정권을 담당하게 되었다.

이 시기의 특징으로는 러일전쟁 전후에 번벌 가운데 묻혀 있던 육·해군이 정치적 자립화를 시작했다는 점, 정당(정우회)이 지방의 요구를 끌어내어 정책체계를 제시하고 실행하는 시스템으로 성장했다는 점, 원로 리더십이 약해지고 차세대 국가 지도자가 자립할 수 있는 조건이 성립되어갔다는 점 등을 들 수 있다.

러일전쟁을 전후하여 2세대 수상으로 등장한 인물이 가쓰라 다로 육군 대장과 구게 출신 사이온지 정우회 총재다. 제1차 가쓰라 내각(1901.6.2.~1906.1.7.), 제1차 사이온지 내각(1906.1.7.~1908.7.14.), 제2차 가쓰라 내각(1908.7.14.~1911.8.30.), 제2차 사이온지 내각(1911.8.30.~1912.12.21.), 제3차 가쓰라 내각(1912.12.21.~1913.2.20.)으로 이어지면서 이들이 교대로 정권을 담당했던 시기를 수상의 이름에서 한 글자씩 따서 게이엔(桂園) 시대라고 부른다.

이 시기는 번벌을 중심으로 정권이 교대되었던 메이지시대 내각에서 하라 다카시의 정당내각으로 가는 과도기라고 할 수 있다. 두 사람의 이름을 딴 시대이므로 게이엔시대를 제1차 가쓰라 내각에서 제3차 가쓰라 내각까지로 생각하기 쉽지만 엄밀히 말하자면, 사이온지가 내각을 구성하면서 정권 선양의 구도가 확립되는 제1차 사이온지 내각부터를 의미한다. 한편, 야마가타는 다이쇼(大正) 천황이 즉위한 후 새 천황에 대한 보익의 중요성을 강조하면서 가쓰라를 내대신 겸 시종장으로 취임시켰는데, 이는 가쓰라의 정치권 은퇴를 의미하였다.

게이엔시대에 정우회는 가쓰라 내각에서 여당 역할을 하였으며, 사이온지 총재가 수상이 되는 시기에는 정우회원을 중심으로 야마가타 파벌이나 사쓰마벌의 관료계 정치가를 입각시키며 정치세력을 키워갔다. 정우회는 이른바 '적극 정책'을 추진하여 지방사회의 개발 요구를 끌어내면서(달리 말하면 이권 정치), 중의원에서 제1당의 지위를 강화하였다. 하라 다카시의 리더십에 의한 관료 파벌과의 거래로 여당으로서의 입장을 유지하면서 결과로서 정당의 정치적 영향력을 지속해서 확대하는 데 성공하였다.

한편, 정우회의 중심인물인 하라는 제1차 사이온지, 제2차 사이온지, 제1차 야마모토 내각에서 내무대신을 역임하였다. 당시의 내무성은 국내 정치 전반을 장악하는 관청으로, 현재의 총무성, 경찰·경시청, 후생노동성, 국토교통성 등을 총괄하는 거대 기관이었다. 국가 통치의 중추를 장악하는 내무성의 수장을 누가 장악하는가는 매우 중요하였으며, 내무성 창설 이래 오쿠보 도시미치(大久保利通), 이토 히로부미, 야마가타 아리토모 등 정계 거물들이 내무대신을 거쳤다. 하라는 정우회가 정권을 잡을 때마다 내무성의 수장으로 취임하여 국정을 지휘했다.

게이엔시대의 본질은 엄밀히 말하자면 육군과 조슈파벌, 야마가타 계열 관료를 거느린 가쓰라세력과 정우회를 등에 업은 사이온지 세력의 야합정치라 할 수 있으므로, 정계를 종단하며 정권을 주고받은 것이 동시대 사람들 눈에는 '정권 돌리기'로 보였다.

그 발단은 1904년 가쓰라 수상과 하라의 회견이었는데, 러일전쟁 이후 포츠머스조약에 배상금 규정이 없는 데 대한 국민적 분노로 곤경에 빠진 가쓰라 내각을 정우회가 지지함으로써 도움의 손길을 내민 것이다. 가쓰라 내각이 총사직하고 사이온지 내각이 성립되자 가쓰라가 수립한 신년도 예산, 철도 국유화 등은 사이온지 내각에서 실행되었다.

1911년 1월 29일에 가쓰라가 정우회 의원들을 초대하여 행한 이른바 '정의투합(情意投合) 선언' 연설은 이들의 결합을 가장 잘 설명한 것이다.

　유신 이래 이미 44년, 헌정 실시 후 이미 20여 년을 지나 이

사이에 국운의 발달, 사상의 변천 또한 두드러졌다. 지금은 시정의 개선을 기하여 극동의 평화를 유지하지 않을 수 없는 시기에 해당되며, 무릇 국가를 생각하는 자는 이 조정에 있거나 재야에 있거나를 가리지 않고 협심육력(協心戮力)하여 국운의 발전으로 이 큰 뜻을 이루어야 한다.

정우회가 온건한 정견으로 국가에 공헌하고 있다는 것은 우리가 항상 인정하는 바이며, 그 협력을 기다리는 바가 적지 않다. 지금은 조야가 그 장을 달리하더라도 국가를 위해 취해야 할 방침에서는 그 계책이 하나가 되어야 한다. 정의(情意)가 서로 투합하여 헌정의 아름다운 과실을 수확하는 것은 우리가 바라 마지않는 바이며, 정우회의 뜻 또한 이와 다르지 않다는 것을 우리가 믿어 의심하지 않는 바이다.

게이엔시대는 처음부터 암묵적으로 합의된 것이 아니었으며, 하라 다카시는 정의투합을 '우리 헌정사상에 새로운 신기원을 부여해야 한다고 생각하는 중요사건'이라고 평가하였다. 가쓰라의 정의투합 선언에 대하여 사이온지는 답례 연설에서 "이처럼 협동 일치하여 천정 유종의 미를 거두는 것은 또한 내가 정우회를 통솔하며 지향하는 바이다"라고 답하였다.

가쓰라·사이온지·하라·야마모토 등에게는 국가의 경제

력을 중심으로 한 '러일전후'의 국가적 과제에 대한 공통의 이해가 있었으며, 그것을 실현하기 위해서 '정의투합'적 거국일치가 필요하다는 공통인식이 있었다. 이는 동시에 원로정치의 배제를 의미하는 것이기도 하였다. '정의투합 선언'을 통하여 가쓰라 내각과 정우회의 결합은 밀약이 아니라 공공연한 선언이 되었던 것이다.

이 시대에 대해서는 현재 다양한 시각의 평가가 있다. 우선, 국가 기구의 다수파인 관료 파벌과 중의원의 다수파인 정우회와의 대연합에 의한, 비교적 안정된 정치 시스템이 성립되었다는 시각이다. 또한 그들이 밀약에 의해 정권을 교체해갔을 때 이들 사이에는 국시 차원의 국가적 목표가 공유되었을 것이라고 볼 수 있다.

서로의 정치 블록에 대해 강력한 리더십으로 컨트롤할 필요성이 있지만 그러한 리더십이 영속적으로 계속될 것이라고 보기는 어려운 것이 게이엔시대의 한계다. 정우회 당원에게 대연합을 납득시키기 위해서는 관료 파벌의 양보를 지속적으로 이끌어내지 않으면 안 되지만 현실적으로는 어려운 문제였다. 더욱이 앞에서 이야기한 것처럼 동시대인들에게 이들이 야합하여 정권을 돌려먹는다는 인식을 주었던 점이 가장 큰 약점이었다. 장기적인 시각으로는 하라의 리더십을 통해 관료 파벌과 타협한 것이 결과적으로 번벌에 족

쇄를 채워 정당내각에 이르는 지름길을 개척했다고도 볼 수 수 있겠지만, 동시대의 여론에 이러한 평가를 기대하기는 어려웠다.

사이온지 내각과 정우회

1905년 12월 21일에 제1차 가쓰라 내각이 총사직하자 이듬해 1월 7일에 제1차 사이온지 내각이 출범하였다. 사이온지 내각은 전쟁 직후의 호황을 배경으로 '적극 정책'을 전개하였다. 지방의 정우회 지부는 철도 부설, 항만의 수축·정비, 하천 개수, 학교 개설 등의 요구를 결의하였으며, 하라는 이들 지방이익 욕구에 부응함으로써 당세 확장을 꾀하였다.

적극 정책 실행과 당세 확장을 배경으로 사이온지 내각은 1908년 5월에 제10회 총선거를 시행하였다. 이 선거에서는 유권자 수가 러일전쟁 개전 직후인 그 전 총선거에 비해 일거에 배로 늘어났다. 선거법을 개정하지 않았는데도 전시 증세에 의해 직접 국세 10엔 이상을 납부하는 계층이 증대했기 때문에 유권자 수가 비약적으로 증가한 것이다.

제10회 총선거에서 정우회는 중의원 379의석 중에서 188의석을 차지하였다. 이전의 133의석에서 대폭 증가한 것이며 선거 후 입당자에 의해 중의원 사상 처음으로 한 정당에 의해 과반수를 실현한 점에서 압승이라 할 수 있다. 선거 결과는 적극 정책의 성과라고도 할 수 있었지만 선거에서의 압승에도 불구하고 사이온지 내각은 2개월 만에 사직하게 되었다.

그 이유는 전후 불황에 따른 적극 정책의 한계 때문이었으며, 결국 이 시기의 정치는 예산문제라는 것을 의미하였다. 전후 불황에 따른 국가재정의 어려움으로 러일전쟁 전비 조달을 위해 발행하였던 공채를 상환하기 어려웠고, 육·해군의 군비확대 요구, 전쟁으로 늘어난 세금에 대한 감세 요구 등 곳곳에서 분출되는 요구를 동시에 만족시키는 것은 무리였다. 한쪽의 요구를 만족시키기 위해서는 다른 쪽의 요구를 억제해야 하는데 그러한 요구 주체 사이의 경합을 조정하는 것은 매우 어려웠다.

러일전쟁 기간과 전후에 이르는 시기에 다양한 증세가 시행되었다. 제1차 사이온지 내각은 성립 직후 전시 시한 입법이었던 비상특별세를 연장하였으며, 1908년 제24의회에서는 주조세, 설탕 소비세의 증징과 석유 소비세의 신설을 내용으로 하는 증세 법안을 성립시켰다.

한편으로는 긴축재정정책을 시행하였는데 이와 가장 첨예하게 대립한 것은 육·해군의 군비 확대 요구였다. 러일전

쟁 전의 13개 사단에서 전쟁 중에 4개 사단을 증설한 육군
은 전후는 상비 25개 사단의 군비 확장계획을 책정하여 당
면 과제로 3개 사단 증가에 의한 20개 사단 정비를 요구하였
다. 한편, 해군은 88함대(전함 8, 순양전함 8)의 건설을 둘러싼
해군 군비 확대를 책정하였다. 결국 제1차 사이온지 내각은
재정 정리와 분출되는 여러 요구의 모순을 조정하지 못해서
총사직한 것이었다.

가쓰라 제2차 내각은 정우회에 대한 의존을 심화시키며
해군 확장비를 1911년도 예산에 편성하였다. 재정 건전화를
부르짖는 가쓰라 내각이 해군 확장비를 받아들인 것 자체가
모순이었는데, 제2차 가쓰라 내각은 정우회에 다시 한번 양
보를 요청하며 정권 선양을 약속하였다. 앞에서 설명한 '정
의투합 선언'은 이런 배경에서 나온 것이다.

정의투합 선언 7개월 후인 1911년 8월 30일에 제2차 사
이온지 내각이 조직되었다. 권업은행 총재 출신인 야마모토
다쓰오(山本達雄) 대장대신은 긴축방침을 취하여 정우회의
적극주의와 충돌하였다. 한편, 육·해군은 군비 확대를 요구
하여 예산을 둘러싼 정치적 공방은 더욱 심각해졌다. 내각은
불필요한 행정을 정리하여 재원을 확보하려 했지만 육·해
군, 정우회, 대장성이 재원을 서로 차지하려고 대립하였다.

1913년도 예산 편성에 난항이 예상되는 가운데 육군은

조선에 상주시킬 2개 사단의 신설을 요구하였다. 정부는 사단 신설을 1년 연기시키는 것으로 타협을 모색하였지만 12월 2일에 우에하라 유사쿠(上原勇作) 육군대신이 단독으로 사표를 제출하여 사이온지 내각을 무너뜨렸다.

1912년 5월 제11회 총선거에서 정우회는 381의석 중 209석 획득하여 중의원 절대다수를 확보하였으나, 선거 후 단 한 번의 통상의회도 열지 못한 채 사이온지 내각은 총사직하였다. 정우회가 과반수 정당이었던 것이 오히려 각종 정치 주체의 이해 조정에서 당이 필요한 적극 정책을 시행할 수 없게 만드는 등의 문제를 노출하였다.

재야에서 세계를 돌아보다

서구 시찰

정우회가 정권을 잡았을 때 하라는 내대신으로 입각하였지만, 가쓰라 내각으로 교체된 후에는 해외를 돌아보는 시간을 가지려고 하였다. 특히 제1차 사이온지 내각이 총사직하고 제2차 가쓰라 내각이 수립되자 하라는 두 차례에 걸쳐 해외 순방길에 올랐다.

그 첫 번째가 서구 여행이었다. 캐나다에서 미국으로 가서 약 1개월간 각지를 정력적으로 견학한 후 1908년 10월 8일 유럽으로 떠나 프랑스, 러시아를 비롯한 대부분의 유럽을 돌아본 후 시베리아 철도를 이용하여 1909년 3월 10일 도쿄에 돌아갔다. 이때 하얼빈에서 만주를 가로질러 베이징(北京)이나 한구(漢口)를 돌아볼 예정이었으나 의회 개회 중이라서 할 수 없이 다음으로 미루었다.

하라는 이미 파리공사관에 근무하면서 유럽 정세와 문화를 익힌 경험이 있지만, 1908년의 서구여행은 하라에게 국제정세를 보는 새로운 시각을 제공하였다. 우선, 새로 떠오르는 미국의 존재를 평가하게 된 것이다.

미국에서는 먼저 시카고에서 시카고대학과 제철소를 견학하였는데, 인구가 많고 활기가 넘치는 점에 감탄하였으며 지하철과 16층 고층 빌딩에도 압도되었다. 다음으로 뉴욕에서 제너럴 일렉트로닉과 기관차 제작소를 견학하였다. 이때 하라는 미국에서 1개월간 체류하면서 미국의 역량과 국제사회에서의 역할을 높이 평가하였다. 하라가 제1차 세계대전과 그 이후의 전후 처리에서 미국을 지지하게 된 데는 이러한 서구 시찰의 경험이 있었다.

청국 시찰

하라는 1911년 제2차 가쓰라 내각 시기에 청국과 조선 시찰에 나섰다. 그 자신은 별다른 목적이 없이 '청국과 한국에서 천천히 놀다 온 것(淸韓漫遊)'이라고 표현하였으나, 시기적으로 보아 단순한 유람으로 보기는 어렵다. 이 시기는 1911년 3월 제27회 제국의회에서 조선과 타이완에 대한 통치방침을 확정하고, 이 결과 조선총독부에 확정된 '제령'을 시행하게 되었으며, 청국은 1911년 10월의 신해혁명의 발단이라 할 수 있는 철도국유령을 5월 9일에 공포하였을 때였다. 이러한 때에 하라가 청국과 조선을 방문했다는 점에 주목하지 않을 수 없다.

5월 1일 하라가 가쓰라 수상을 만나 여러 가지 현안에 대한 이야기를 나누던 중 청나라 여행을 간다고 하자 가쓰라는 청나라에 대한 자신의 방침을 이야기한 후 "실제로 청국을 시찰한 후 나의 정책이 맞았는지 틀렸는지를 봐 달라"라고 부탁했다. 구체적으로는 "현재 논란이 되고 있는 4국차관단에 일본도 가입하려고 하지만 4국 모두 자기 권리를 주장하는데 그러면 일본은 남만 철도를 내놓지 않으면 안 되니 매우 곤란하므로 가입을 늦추어야 한다"라고 말했다.

즉, 미국, 영국, 프랑스, 독일의 은행단으로 구성된 4국차관단이 중국을 둘러싼 이권에 대해 일본과 러시아의 독점을 견제하려 하므로 일본으로서는 만주에서의 만철 이권을 침해받을지도 모른다는 위기의식을 갖게 된 것이다.

가쓰라는 "대야철산(大冶鐵山)에 정금은행(正金銀行) 등이 출자하게 하여 만일의 경우 일본은 이 철산을 점령하여 각국과 함께 중국 문제를 해결할 권리를 얻고 이에 따라 남만주지방의 문제를 해결하려는 정책이다. 청나라는 재정이 곤란하며, 만일 대외문제가 발생한다면 반드시 재정문제에서 비롯될 터이므로 나의 정책이 잘못되었는지 아닌지를 신중히 조사해주기 바란다"라고 의뢰하였다. 이후 공식적으로 청국 특명전권공사 이슈인 히코키치(伊集院彦吉)가 베이징에서 하라를 맞이하고 귀국 후 그의 청국 방문에 대한 의견을 외무대신이 수렴하게 된 데는 이런 배경이 있었다.

하라의 청국과 조선 시찰 일정은 비서인 다카하시 미쓰다케(高橋光威)가 수행하였는데, 그는 1893년 게이오기주쿠(慶応義塾)를 졸업한 후 1903년 「오사카일보」에 입사하였다. 입사 당시의 사장이 하라 다카시였던 인연으로 하라의 비서가 되어 1918년 하라 내각의 서기관장에 취임하였다. 그는 1921년 하라의 암살 현장에도 함께 있었으며, 하라 수상의 장의위원장으로서 하라의 마지막 가는 길을 배웅하였다.

그 밖에 이노우에 가쿠고로(井上角五郎), 세이 킨타로(淸釜太郎) 의원이 다롄에서 합류하였다.

하라는 다롄(11일)-잉커(營口, 12일)-베이징(14, 15, 16, 17일)-톈진(18, 19일)-펑톈(奉天, 20, 21일)-안둥현(安東縣, 22일)의 일

정으로 청국을 돌아보았다.

1908년 광서제(光緖帝)와 서태후가 사망하자 순친왕 재풍(醇親王 載灃)의 아들 푸이(傅儀)가 선통제(宣統帝)로 즉위하고 순친왕이 섭정왕으로 집권하였다. 이후 위안스카이(袁世凱)를 제거하고, 입헌준비 절차의 하나로 새로 내각제도를 실시한 것이 1911년 5월 8일이었다. 이 내각은 이름만 내각제일 뿐 총리대신 경친왕 혁광(慶親王 奕劻)을 비롯하여 13명의 각원 중 만주인이 9명에 그중 7명이 황족으로서 황족들을 통해 황제가 직접 간여할 수 있었다. 이런 내각의 한계 외에도 신해혁명의 도화선이 된 철도국유령이 바로 그다음 날인 5월 9일에 공포되었다.

철도국유령은 1911년 4월에 체결된 미국, 영국, 프랑스, 독일과의 '화폐제도 정리 및 실업진흥 차관협정'을 위하여 이미 이권회수운동에서 획득된 민영 허가를 취소하여 이를 국유화한 것이다. 철도국유령의 요지는 "앞으로 간선은 국유로 하는 방침을 확정한다. 1911년 이전에 각 성에서 설립한 철도회사에서 모집한 주식으로 건설, 경영하려는 간선은 국가에서 회수하여 건설을 촉진할 것이다. 그러나 지선은 종전대로 민간 상인이 능력에 맞추어 건설해도 좋다. 그러므로 종전에 간선의 건설 승인은 모두 취소할 것이다"라고 규정하였다. 그리고 마지막에 "만약 전반적인 형세를 고려치 않고 일부러 철도건설 행정을 어지럽혀 저항을 선동하면 황제의 명령을 어긴 것이니 처벌하겠다"는 규정을 달았다. 그리고 5월 20일 4국차관단의 철도 차관이 정식으로 승인되었다.

그런데 4국차관단의 차관은 철도 부문에만 그친 것이 아니라 광산 부문에도 행해졌다. 청국에서는 1908년 3월에 대야철산(大冶鐵山)·한양철창(漢陽鐵廠)·평향탄광(萍鄉炭鑛) 3사 합동으로 한야평공사(漢冶萍公司)를 설립하였다. 관영 기업 야하타(八幡)제철소가 철광석의 60퍼센트 이상을 대야철산에서 수입하고 있었으므로 일본은 한야평공사, 특히 대야철산에 관심이 있었다. 1911년 10월 무창봉기 때는 대야철산의 무력 점령과 복건성의 할양을 구상할 정도로 일본은 대야철산을 중시하고 있었다. 1908년 8월, 한야평공사 총리(사장)인 성쉬안화이(盛宣懷)는 공사의 설비 확장을 위하여 야하타제철소와의 관계를 긴밀히 하기 위하여 일본을 방문하였다.

당시 제2차 가쓰라 내각은 행정 정리 때문에 야하타제철소의 제2기 확장에는 소극적이었지만, 행정 재정 정리가 일단락되자 확장비의 의회 통과를 추진하면서 야하타제철소 확장을 추진하였다. 1910년 10월 나카무라 유지로(中村雄次郎) 제철소장이 중국을 방문하여 제철소의 제2확장을 조건으로 일본이 선철 구입 대금 600만 엔을 공사에 빌려주는 계약을 가체결하였으며, 1911년 3월 31일에 600만 엔의 선철 매매계약을 정식으로 체결하였다.

그런데 한야평공사는 1910년 영국의 자딘매디슨상회 (Jardine Matheson Limited, 중국 이름은 이화양행怡和洋行)와의 사이에도 차관 교섭을 행하였으므로, 영국에서 빌린 돈으로 일본의 차관을 갚을 가능성이 커졌다. 위기감을 느낀 정금은행(正金銀行)은 새로운 차관을 희망하였으며, 미국의 시애틀웨스턴회사도 한야평공사와 선철 매매계약을 체결하였다.

이처럼 차관을 통해 청국의 자원과 이권에 영향력을 행사하려는 열강의 움직임이 가속화되는 가운데 1911년 3월, 4국차관단과 공사 사이에 차관 교섭이 구체화되었다. 4국차관단은 1910년 11월 중국의 철도차관 인수에 관한 영국, 프랑스, 독일의 협정에 미국이 참가하여 결성된 것으로 동삼성(東三省)의 실업 차관이나 청조의 폐제(幣制) 개혁을 위한 차관을 할 예정이었다. 특히 미국은 이 차관단을 통해 러시아와 일본이 독점적으로 획득한 만주 이권을 타파하려 하였다.

교섭의 발단은 한야평공사 총리 성쉬안화이가 4국에 대해 각각 500만 냥의 외채를 얻으려 한 것인데 일본은 4개국과 마찬가지로 500만 냥을 할당받게 되었다. 그러나 일본은 다른 나라와 같은 금액인데 불만을 품고 오다기리 마스노스케(小田切萬壽之助) 정금은행 중역과 짓소지 사다히코(実相寺貞

彦) 베이징 지점장의 활동으로 사채 발행을 단념시켰다. 이 사건에는 4국차관단에 대한 일본의 경계심과 성쉬안화이가 일본과 사전 협의 없이 차관단과 차관 교섭을 한 데 대한 견제라는 2개의 동기가 숨어 있었다.

오다기리는 정금은행에 타진하여 일본 측이 야하타 제철소의 선철 구입 대금을 선불하는 형태로 공사에 대해 1,200만 엔 정도의 차관을 주는 내용의 '생선철 대금 1,200만 엔 선차 제2계약'의 가계약을 1911년 5월 1일에 성립시켰다. 이를 통해 대야철산(大冶鐵山), 한양철창의 재산을 일본 이외의 외국 자본의 담보로 할 경우 우선 정금은행과 상담해야 한다고 규정하였다. 일본으로서는 선철 대금을 선불함으로써, 일본 이외의 제3국이 청국에 진출하는 것을 방지하는 효과를 얻었지만, 청국으로서는 일본 자본에 종속되는 결과가 되었다.

하라는 5월 14일 오후에 베이징에 도착하였는데, 하라의 베이징 체류가 경친왕 내각이 탄생한 직후라는 점, 신해혁명의 발단이 되는 제국주의 자본 중 하나인 요코하마 정금은행의 지원 아래 이뤄졌다는 점에 주의할 필요가 있다. 하라는 정금은행 중역 오다기리에 대하여 "거의 30년 이래의 지인으로서 마침 이곳에 있어 우리를 위해 갖가지 주선을 해 주었다"라고 적었으나 하라의 청국 방문 목적이 4국차관단

문제에 있다는 것을 생각할 때, 문제의 본질을 교묘하게 감추는 서술이라고 할 수 있다. 정금은행과 그 중심인물 오다기리야말로 일본 정부의 청국 정책을 실현하는 주역이기 때문이다.

베이징에서 하라는 5월 14일 저녁 거류민 환영회에 참석한 후 이튿날 오전에는 천단(天壇)을 구경하고 일본 공사관을 방문하여 이슈인 청국 공사로부터 청국 관계의 사정을 들었다. 당시 청국에 대한 창구가 정금은행과 오다기리, 일본 공사관과 이슈인 공사라고 할 수 있으므로 하라는 베이징에서 이들과 긴밀히 협조하며 움직였음을 알 수 있다. 그날 하라는 공사관 무관 아오키 노부즈미(靑木宣純)와 오찬을 함께 하였다. 아오키는 하라가 톈진영사였을 때 중국 남부에 근무하였으며, 청일전쟁에 출정하였고 1897년 이래 수차례에 걸쳐 청국 공사관 소속 무관을 지낸 육군 참모본부 소속 중국 전문가다. 하라는 이 오찬을 통해 청국 관련 정보를 얻은 것으로 보인다.

또한 같은 날 오후 3시 청나라 부총리대신 나통(那桐)을 방문한 후 다시 공사관으로 돌아가 이슈인 공사와 면담하였는데, 이슈인은 청국과의 교섭에서는 일본이 러시아와의 사이에 비밀조약을 맺지 않았으며 청국에 대하여 야심이 없음을 강조하는 것이 좋다는 것을 하라에게 설명하였다.

5월 16일 하라는 만수산(萬壽山)을 관광하였는데 화요일만 관람이 가능한데도 청국이 특별히 관람 허가를 내주었을 뿐 아니라 외무부의 왕훙니엔(王鴻年), 슝잉(熊瑛), 추싱위엔(祝惺元) 등 3명의 서기관을 보내 안내하고 오찬을 접대하였다. 더욱이 이날 밤 정금은행 오다기리의 사택에 초대받았을 때는 마침 청국 모 친왕가에서 축연이 있었음에도 내각 부총리대신 쉬스창(徐世昌), 우전부대신(郵傳部大臣) 성쉬안화이, 외무부대신 조우자라이(鄒嘉來), 동삼성 총독 자오얼쉬엔(趙爾巽), 단팡(端方) 등이 참석하였다.

단팡이 "중국이 일본을 배척한다는 것은 근거가 없으며, 특히 상류계층은 절대 그렇지 않다"라고 연설하자, 하라는 "이번 청국 방문은 우연한 여행으로 톈진 영사 시절 리훙장(李鴻章)과 친하였으며 청일관계는 하루아침에 이뤄진 것이 아니다"라고 답변하였다.

5월 17일 하라는 성쉬안화이를 방문하였는데, 오다기리가 동행하여 통역을 맡았다. 톈진(天津)영사 시절부터 성쉬안화이와 알고 지냈던 하라는 성쉬안화이가 최근 일본에서 차관을 받은 것 때문에 세간의 공격을 받고 있다는 얘기를 듣고 "양국의 친밀함은 말만으로는 효과가 없고 실행해야 하는데, 최근 일본에서 차관을 들인 것은 이 취지에 맞는 것으로 일본에서는 모두 만족하며, 이를 행한 것은 당신의 힘이다"

라고 치하하였다. 한야평공사 책임자이자 청국 정부의 우전부대신인 성쉬안화이야말로 당시 일본 정부가 청국에 대한 영향력을 행사하는 데 중요한 인물이었으며 하라는 오랜 친분과 정금은행의 후원으로 이를 다시 확인한 것이다.

그 후 단팡의 오찬 초대를 받아 저택을 방문하자 숙친왕(肅親王), 자오얼쉬엔도 참석하였다. 금석학자이자 서화 수장가이기도 한 단팡의 집에서 각종 미술품과 서화를 구경한 후 하라는 은으로 만든 복제품을 선물받았다. 밤에는 나통의 만찬에 참석하였는데 쉬스창, 조우자라이, 자오얼쉬엔 등을 비롯하여 외무부의 관리 및 일본 주재 공사 등 다수가 참석하였다.

하라는 "나는 정부의 인물이 아니므로 정부 방침을 설명하기에 적당하지 않지만, 적어도 우리 당파는 현상 유지 이상의 어떠한 야심도 없다"라고 단언하였다. 이 발언은 앞서 이슈인 공사와의 면담에서 교육받은 대로 말한 것으로 굳이 공식적인 방문이 아님을 강조하면서도 일본 정부와 공사관의 입장을 지원하고 있음을 알 수 있다. 이는 나통과 헤어진 후 하라가 이슈인 공사를 방문하여 지금까지 청국 관리를 만난 내용을 자세히 설명한 데서도 알 수 있다.

하라는 다음 날 직예(直隸) 총독의 오찬 초대를 받았기 때문에 자정원(資政院)과 자의국(諮議局) 의원들의 초대를 거절하였다. 사실상 하라는 이 초대에 응하는 것이 외교상 유리한지 아닌지를 판단하기 어려웠고 공사와 의논할 시간이 없었기 때문에 거절한 것이었는데 이슈인 공사가 초대에 응하는 것이 좋았다고 하자 아쉬워하였다. 이처럼 청국 정부나 기관들을 접촉할 때 일일이 공사와 의논하면서 일본 정부의 입장을 반영하려고 노력한 점에 주목할 필요가 있다.

18일에는 오전 8시에 베이징을 출발하여 11시에 톈진에 도착하였다. 하라는 직예 총독 천퀴이룽(陳夔龍)을 방문하여 오찬을 함께 하고 리훙장의 묘를 방문하였다. 한편으로 일본 구락부의 관민 연합 환영회에 참석하고 일본 총영사와 오찬을 함께 하였다.

하라의 청국 체재는 베이징에서 보낸 4박 5일간이 가장 핵심으로, 탄생한 지 얼마 안 된 경친왕 내각의 주요 인물들을 접촉하면서 일본 정부의 청국 정책과 정금은행 차관을 통한 이권 옹호를 지원하였다. 자신은 일본 정부의 공식 사절이 아니며 어디까지나 개인적 여행이라는 점을 강조하면서도 일본공사관과의 긴밀한 협조 아래 움직였다.

한편, 청국 정부는 일본 정계 거물의 베이징 방문을 주시하고 황족을 비롯한 정부 고관들이 하라를 환대하였다. 하라는 4국차관단에 대해 청국에서 직접 보고 평가해달라는 가쓰라 수상의 의뢰를 베이징에서 충실히 수행한 것이다.

조선 시찰

하라 일행이 조선 땅에 들어선 것은 5월 23일로 아침에 안둥현을 출발하여 압록강 가교를 건너 신의주에 도착하였다. 신의주부터는 조선 총독이 보낸 객차에 탑승하였다. 하라에 대한 데라우치의 예우는 이에 그치지 않고 안둥현까지 총독부 통역관 후지나미 요시누키(藤波義貫), 철도원 다카노 요시야(高野善哉)를 보냈다. 그 중 다카노는 하라와 동향 사람으로 이들은 하라가 5월 29일 부산항을 출발하기 전까지 내내 하라 일행을 수행하면서 통역을 맡았다.

5월 24일에는 대동강을 배를 타고 돌아보았는데 도(道) 장관 마쓰나가 다케기치(松永武吉) 외에도 재판소 관리, 도 관리, 부윤 등이 동승하여 하라와 이야기를 나누었다. 하라 일행이 밤에 경성에 도착하자 하야시 이치조(林市臧), 요시하라 사부로(吉原三郎)가 도중까지 마중 나왔으며 총독부 관리, 지인 등이 하라를 맞았다. 하야시와 요시하라는 제국대학 법과 대학을 졸업한 내무관료 출신이며, 1908년 12월 동양척식주식회사가 설립되자 하야시는 이사, 요시하라는 부총재에 취임하였다.

하라는 5월 25일 오전에 총독부로 데라우치 총독을 방문한 후 정무총감인 야마가타 이사부로(山県伊三郎) 등과도 면담하였다. 그날 밤 데라우치 총독은 만찬회를 열어 하라를 초대하였는데 여기에는 조선 귀족 등도 참가하였다. 총독부 관료와 조선 귀족들에게 하라를 소개하는 자리를 만들었던 것으로 보인다.

다음 날인 5월 26일 조선군 주차사령부에서 오쿠보 하루노(大久保春野)와 면담하였다. 오쿠보는 1908년 8월 육군 대장에 진급하여 12월부터 한국주차군사령관(韓国駐剳軍司令官)에 취임하였으며, 1910년 10월부터 명칭 변경으로 조선주차군사령관(朝鮮駐剳軍司令官)이 되었다. 면담의 내용은 알 수 없으나 하라가 조선 총독과 정무총감에 이어 조선주차군 사령관까지 만났다는 사실에 주목할 필요가 있다.

하라의 조선 시찰을 공식적인 부분과 사적인 부분으로 나누어 볼 때 하라의 개인적 인맥으로 사법성 법학교 관계자들이 주목된다. 하라의 사법성학교 선배인 고미야 미호마쓰(小宮三保松)는 사법성학교 제1기생으로 1911년에서 1916년까지 이왕직(李王職) 차관을 역임하였다. 이왕직이란 1911년에서 1947년까지 일본 궁내대신의 관할 아래 조선 왕실에 관한 업무를 관장하는 기관으로 경성부(京城府)에 설치된 기관이었다.

5월 26일 하라는 고미야의 안내로 창덕궁을 구경하고 "매우 훌륭한 궁전이다"라고 평하였다. 고미야는 정원과 도기진열소를 안내하면서 "국고에서 주는 150만 엔 중 30만 엔은 이태왕의 비용에 충당하고 10만 엔은 도쿄에 있는 왕세자 비용, 나머지 110만 엔은 현 왕의 비용으로 충당한다"라고 조선 황족에 대한 예산을 구체적으로 설명하였다.

이날 밤에는 법학교 동기인 요시하라가 손탁호텔에서 만찬을 베풀었는데 이 자리에는 데라우치 총독도 참석하였다. 식후에는 옛 법학교 동창들 외에 척식무성(拓殖務省) 출신 내무성 관료 하야시, 1910년 10월부터 1919년 8월까지 조선총독부 내무부 장관을 역임하고 있는 우사미 가쓰오(宇佐美勝夫)가 따로 일본 요리점에서 작은 연회를 열었다.

27일 밤에는 조선은행 총재 이치하라 모리히로(市原盛宏)의 만찬 초대를 받고 사택을 방문하자 데라우치 총독도 참석하였다. '풍기 유지를 위해서인지 일신 보호를 위해서인지 절대 일본요리점 등에 가는 일이 없는' 데라우치는 하라가 경성에 체류하는 4박 5일의 일정 동안 사흘 연속으로 하라를 위한 만찬에 참석하였다. 하라에 대해 최고의 예우를 베푼 것이라고 할 수 있다.

이어서 하라는 비공식적으로 오늘날의 중구 예장동과 회현동 일대인 왜성대(倭城臺)를 둘러보고, 이어서 왕성인 경복궁을 본 후 농사시험소를 구경하였다. 27일에는 조선인들이 다니는 보통학교·사범학교·여자고등학교 등을 구경하고 비가 내려 수원(水原) 농사시험소에 갈 예정이 취소되자 한성

병원을 둘러보았다.

마산으로 가는 길에 수원 농사시험소장 혼다(本多) 박사가 동승하여 하라에게 조선에서의 농사시험의 정황을 설명하고 "조선은 비료 사용이 적지만 콩·팥을 경작하기 때문에 오늘날까지 지력을 유지하고 있다. 근래 씨앗을 개량하여 수확이 많고 조선인도 그 이익을 인정하여 오늘날은 1만 정보 정도는 개량종을 사용하기에 이르러 농사가 유망하다"라고 이야기하였다. 비 때문에 가지 못한 수원 농사시험소의 소장을 특별히 마산행에 동행시킨 것은 총독부의 배려가 아닐까 생각된다.

하라 일행은 마지막으로 마산포를 거쳐 진남포를 보고 부산으로 가서 일본으로 돌아가게 되었다. 5시에 부산에 도착하여 8시 연락선에 탑승하기까지 대마도 출신으로 개항 전에 한국으로 건너가 성공한 무역상 후쿠다 마스헤이(福田增兵衛)의 집에서 휴식을 취하였다.

조선 시찰을 통해 하라는 "조선인을 일본에 동화시키는 것은 어렵지 않으며, 조선인은 일본인이 되기를 열망한다. 또한 일본어도 의외로 빨리 배운다"라고 평가하며 "조선인은 일본인과 같은 교육을 실시하여 일본에 동화시키기 쉽다는 것이 점점 확실해지는 듯하다"라고 말하였다. 그리고 이어서 조선에도 일본과 같은 교육을 실시하고 대학을 설립할 것을 주장하였다.

하라는 귀국 후 6월 2일에 사이온지, 5일에 고무라 주타로(小村寿太郎) 외무대신, 6일에 가쓰라 수상을 방문하여 일기에 서술한 의견을 제시하였다. 특히 만철(滿鉄)에 대하여 고무라 외무대신에게 "지금처럼 융통성이 없어서는 언제나 교류에서 대책이 없을 것"이라고 주의를 주었다.

그런데 데라우치 조선 총독에 대한 하라의 평가가 조선을 방문하기 전과 후로 미묘하게 변화한 것에도 주목할 필요가 있다.

4월 24일 이노우에 가쿠고로와의 면담에서 하라는 "조선인이 현 총독에 만족하지 않는 것은 분명한 것 같다"라고 평가하였다. 그러나 귀국 후 6월 6일 가쓰라 수상과의 담화를 통해 데라우치가 사의를 표명했다는 얘기를 듣자, 조선에서 시찰한 결과를 이야기하고 "데라우치가 현재 시행하고 있는 시책이 좋다고 생각한다. 구체적인 부분에서는 개선할 점도 많지만 대체로 현재대로 가도 좋다고 생각하므로 데라우치를 유임시키는 것이 좋겠다"라고 말하였다. 또한 8일에 사이온지를 만나 가쓰라 수상과의 회견을 보고했을 때도 역시, 데라우치를 유임시키는 것이 득책이라고 말하였다. 이는 조선에서 데라우치의 환대를 받은 것도 있지만 학교 등을 시찰한 결과 대체로 데라우치의 통치방침에 동의하게 된 결과라고 할 수 있다.

다이쇼 데모크라시와 정우회

이른바 '정의투합'에 의한 가쓰라와 사이온지의 정권 교대는 제2차 사이온지내각이 육군의 2개 사단 증설 요구에 따른 우에하라 육군대신의 단독 사임으로 막을 내렸다. 그러나 군부의 그러한 방침에 국민들의 반감이 확산되면서 1912년 11월 하순에 전국상업회의소연합회의 회두가 재정 정리 공약 실현과 증사 반대를 표명하기에 이르렀다. 실업계와 민중은 사이온지 내각을 지지하였으며, 데라우치의 수상 지명을 단념한 원로들은 후계 수상으로 가쓰라를 지명하였다. 이에 정우회는 정당을 기반으로 하는 내각 구성을 지지하였으나 결국 내대신 가쓰라가 다이쇼 천황의 칙허를 얻어 정계에 복귀하였다.

제3차 가쓰라 내각에 대해 입헌국민당의 이누카이 쓰요시(犬養毅), 정우회의 오자키 유키오(尾崎行雄)를 중심으로 제1차 호헌운동이 개최되었다. 그러나 제1차 호헌운동에서 정우회의 가쓰라 내각에 대한 입장은 애매하였다. 비록 군부에 의해 제2차 사이온지 내각이 무너졌다고는 하나 하라를 중

심으로 하는 정우회는 가쓰라와의 연합 가능성을 버리지 못
했던 것이다. 결국 정우회는 가쓰라 내각 반대를 외치는 호
헌운동에서 침묵을 지켰으며 오자키 등이 개인적으로 호헌
운동에 참여하게 되었다.

가쓰라 내각은 1913년 2월 10일에 사임하였으니, 51일만
의 퇴진이었다. 사이온지 내각의 도각(倒閣)에서 가쓰라 내
각의 총사직까지의 과정을 다이쇼정변(大正政変)이라고 부른
다. 위로부터의 개혁인 메이지유신으로 출발한 'old Japan'은
처음으로 아래로부터의 요구에 의해 내각이 와해되는 경험
을 하였다. 이에 충격을 받은 것은 가쓰라뿐만이 아니었다.
사회 변화에 제대로 대응하지 못하고 다이쇼정변의 과정 속
에서 엉거주춤한 태도를 보였던 정우회 역시 큰 충격을 받
지 않을 수 없었던 것이다.

다이쇼정변 후 수립된 제1차 야마모토 내각에서 하라는
다시 내무대신으로 임명되어 제2차 사이온지 내각의 정책들
을 계속하여 추진할 수 있게 되었다. 세 번의 내무대신 기간
을 합치면 약 5년에 이르며, 야마모토 내각의 내무대신시대
에 하라는 제3대 정우회 총재에 취임하였다.

제1차 세계대전과 하라

1914년 7월 28일 오스트리아가 세르비아에 선전을 포고함으로써 제1차 세계대전이 발발하였으며, 1918년 11월 11일 종전하기까지 유럽은 물론 전 세계가 이 전쟁에 휘말렸다.

제1차 세계대전의 성격은 19세기 이래 갖가지 동맹관계를 맺으며 식민지 획득이나 자본 진출을 둘러싸고 경합해온 제국주의 열강이 유럽에서 각각의 이해관계와 패권을 둘러싸고 충돌한 것이라 할 수 있다. 열강은 그동안 확대해왔던 군비를 투입하여 전쟁이 시작되자마자 총력전에 돌입하였으며, 당사자국뿐 아니라 식민지, 자치령에서도 병력과 노동력을 투입하였다.

영국은 8월 4일 독일에 선전을 포고하였으며, 당시의 오쿠마 시게노부(大隈重信) 내각은 참전이 일본에 유리하다는 계산 아래 영일동맹을 근거로 참전하고자 하였다. 일본의 이러한 의도를 파악한 영국은 극동수역에서의 독일 군함 수색 및 격파에 따른 일본해군 출동 요청이라는 매우 한정적인 협력을 요청하였지만 일본이 전면 참전을 주장하자 협조 요청을 일단 취소하였다.

결국 영국은 일본 참전을 승인하였지만 일본의 전투구역

을 한정시키려 하였다. 일본의 참전 동기는 극동에서의 독일 이권 획득이었으므로 8월 15일 독일에 최후통첩을 하면서 '자오저우만(膠州灣) 조차지 전부를 중국에 환부할 목적으로' 일본에 넘겨줄 것을 요구하였다.

일본은 8월 23일 독일에 대해 선전을 포고하였으며, 27일에 해군이 자오저우만을 봉쇄하고 9월 2일에 제18사단이 산둥반도에 상륙하였다. 그런데 중국이 이미 8월 6일에 '각 교전국은 중국 양토 영해 안에서 점령 및 교전행위를 할 수 없다'는 중립선언을 하였기 때문에 일본은 러일전쟁의 선례를 들어 중국에 중립제외지대 설정을 요구하였다.

결국 중국은 중립제외지대 설정과 철도수비병의 철퇴를 승인하였다. 일본 육군은 산둥반도에 상륙하자 곧장 독일이 부설한 자오지(膠濟)철도를 점령하였다. 이 철도는 자오저우만의 주요도시 칭타오(淸島)에서 지난(濟南), 즉 산둥성을 동서로 연결하는 철도다. 즉, 칭타오와 자오지철도를 차지하면 일본은 유사시에 산둥반도에 상륙한 다음 곧장 철도를 이용하여 서쪽으로 이동할 수 있으므로 칭타오 조차지보다 자오지철도의 전력적 가치가 크다고 할 수 있다.

이 지역은 중립제외지대에 포함되지 않기 때문에 명백한 중립 위반이었지만 독일 조차지와 일체라는 이유로 점령을 강행하였다. 그리고 일본 육군 제18사단이 철수한 후에도 칭타오수비병 약 7,000명이 잔류하여 자오지철도 점령을 계속하였다. 일본이 칭타오와 자오지철도를 점령하는 데 집착했던 것은 그 이전에는 만주 이외에서 이권을 갖지 못하고, 중국 본토에서 철도 이권을 차지하지 못하였기 때문이다.

그런데 칭타오가 함락된 날 일본정부는 중국에 대한 요구를 각의 결정하여 가토 다카아키(加藤高明) 외무대신이 1914년 12월 3일에 히오키 마스(日置益) 중국공사에 대해 훈령을 보냈다. 정식 외교 수속 없이 직접 1915년 1월에 위안스카이(袁世凱)에게 제출된 '21개조 요구'는 관동주(關東州) 조차기한과 남만주, 안둥(安奉)철도 조차기한 연장을 명목으로 남만주 및 동부 내몽고에서의 우월적 지위 확보(제2호), 산둥성의 구 독일 이권 및 신철도 문제(제1호), 한야평공사(제3호), 연안 도서의 할양 금지(제4호), 중앙정부의 일본인고문(정치, 재정, 군사) 초빙, 경찰의 일화(日華)합동, 일본에 의한 무기 공급 등 7항목(제5호)으로 이루어졌다.

21개조 요구를 둘러싼 중국과의 교섭은 1915년 2월 2일에 시작되었으며, 일본이 중국에 병력을 증원시켜 압박하면서 최후통첩을 보내자 중국은 5월 9일에 이를 수락하고 5월 25일 조약 및 교환공문 형태로 베이징에서 조인되었다. 일본은 1915년 런던선언(대독강화와 강화조건의 상호협정을 약속한 영국, 프랑스, 러시아 협정)에 가입하고, 1917년 제4차 러일비밀

협약, 같은 해 이시이 랜싱협정으로 일본의 특수지위를 인정받았다.

정우회 총재 하라는 오쿠마 내각의 중국에 대한 강경외교에는 반대하는 입장이었으며, 참전에도 반대했다. 이는 미국을 의식한 것이었으므로 미국이 참전하자 참전 찬성으로 선회하였다. 그러나 중국의 영토 보존이나 문호개방에 반하는 내용은 승인하지 않겠다는 미국의 외교방침에는 주의를 기울였다.

그런데 일본의 산둥이권 잠식은 참전 결정과 21개조 요구에 그치지 않았고, 데라우치 마사타케(寺內正毅) 내각은 돤치루이(段祺瑞) 정부를 상대로 1918년 9월 24일에 지난-순더(順德), 가오미(高密)-쉬저우(徐州) 사이를 잇는 철도를 일본차관에 의해 건설하고 일본군을 지난과 칭타오에 집중시키기로 결정하였다. 그리고 이러한 산둥철도는 일중합판으로 경영한다는 내용의 교환공문을 체결하였다. 이러한 산둥이권 문제가 국제사회의 쟁점이 되는 것은 하라 내각 시기였으므로 다음 장에서 자세히 살펴보기로 하자.

제5장 하라 다카시 내각과 3·1 운동

내각 성립

1918년 9월, 데라우치 마사다케가 병을 이유로 총사직하면서 하라 다카시는 제19대 내각 총리대신으로서 내각을 조직하게 되었다. 정당에 대해서 부정적인 인식을 가지고 있는 야마가타 아리토모가 하라 내각 성립에 동의한 데는 쌀 소동이나 세계대전의 여파로 상징되는 '시세'의 압력을 이용한 하라의 교묘한 공작이 있었다.

야마가타는 차기 수상으로 사이온지를 추천하였으나, 사이온지는 이를 거절하면서, "정우회와 헌정회의 제휴가 이루어지면 '초연내각 재기의 희망'은 사라질 것"이라고 간접적으로 압박하였다. 실제로 헌정회의 가토 다카아키가 정우회에 접근할 움직임을 보였고 하라는 경우에 따라서는 이에 응할 태세를 보였다. 결국 다이쇼 데모크라시의 사회 분위기 속에서 육군에 대한 대중의 반감을 의식한 야마가타는 하라 내각 수립을 받아들이지 않을 수 없게 되었다.

1918년 9월 27일, 마침내 하라 내각이 탄생하였을 때 하라의 나이는 만 62세였다. 이미 머리가 하얗게 변한 '백두(白頭) 수상'이었으나 자신의 오랜 정치신념과 정책을 실현하려는 기력은 충만하였다. 하라 이전에도 정당내각들이 있었지만, 하라내각이야말로 육·해군과 외무의 세 대신을 제외한 나머지 각료를 모두 정우회 당원들로 임명한 명실상부한 정당내각이었다.

주요 각료로는 외무대신에 우치다 고사이(內田康哉), 내무대신에 도코나미 다케지로(床次竹二郎), 대장대신(大藏大臣)에 다카하시 고레키요(高橋是淸), 육군대신은 다나카 기이치(田中義一)에서 중간에 야마나시 한조(山梨半造)로 바뀌었으며, 해군대신은 가토 도모사부로(加藤友三郎), 사법대신은 오오키 엔키치(大木遠吉), 문부대신은 나카하시 도쿠고로(中橋德五郎), 농상무대신은 야마모토 다쓰오(山本達雄), 체신대신은 노다 우타로(野田卯太郎), 1920년 5월에 설치된 철도성 대신으로는 모토다 하지메(元田肇)를 임명하였다.

하라는 취임과 동시에 4대 정강을 확인하였는데, 첫째는 대학령과 고등학교령의 개정을 통한 교육시설의 개선과 충실, 둘째는 철도청을 철도성으로 승격시켜 교통기관 정비, 셋째는 산업 및 통상무역의 진흥과 지도, 넷째, 시베리아 철병을 통한 국방의 충실 등이었다.

하라 내각 시기는 개각 후 얼마 되지 않아서 제1차 세계대전이 끝나고 파리강화회의가 개최되었으며, 이어서 국제연맹의 탄생, 워싱턴회의 개최 등 국제사회와의 협조가 필요한 시기였다. 한국과 관련해서는, 3·1 운동과 식민지 관제 개정, 대학령 개정을 통한 제국대학 설립 준비 등을 들 수 있다.

보통선거운동에 대한 대응

일본에서 보통선거운동이란 1890년에 제1회 총선거가 실시되었을 때 '국세(지조와 소득세) 15엔 이상을 납부하는 자'로 제한한 선거권, 즉 재산에 따른 선거 제한을 철폐하려는 운동이다. 처음 선거가 실시되었을 때 국세 15엔 내는 자는 전 국민의 1.1퍼센트에 불과하였고 이 제한이 국세 10엔을 납부하는 자로 하향 조정되었을 때도 선거권을 갖는 국민은 전체의 2.2퍼센트에 그쳤다.

제1차 세계대전 중에 여성을 포함한 보통선거 실현이 논의되어 일본에도 전파되었으며, 일본의 보통선거운동은 메이지 보통선거기성동맹회등을 중심으로 이루어졌다. 그 밖에 우호회 등 노동조합이나 도쿄의 대학생 단체, 히비야사건으로 활발해진 일반 시민도 참여하였다. 가토 다카아키(加藤高明)의 헌정회(憲政会), 이누카이 쓰요시(犬養毅)가 이끄는 입헌국민당도 보통선거운동 지지를 표명하였다.

점진주의적 개혁을 지향하는 하라는 보통선거법에 대하여 '아직은 시기상조'라는 입장을 견지하는 한편, 1919년 3월에 납세자격 3엔, 소선거제를 골자로 하는 중의원 의원 선거법 개정안을 성립시켰다. 이로써 피선거권자는 전체 인구의 5.5퍼센트로 증가하였으나 보통선거운동의 흐름에서 보면 이 개혁은 단지 보통선거운동을 회유하려는 일시적인 조치에 지나지 않았다.

소선거구제는 정당에 대한 투표율 차이 이상으로 의석 수의 차이가 발생하였는데, 정우회로서는 지금까지 추진해온 적극주의에 의해 문명이 전국에 균점하여 지역의 균질화가 발생했다고 보는 강한 자부심이 있었다. 소선거제에 의해 압도적 다수를 획득하여 그 힘으로 번벌, 관료세력과 대결하려는 의도였다고 할 수 있다. 한편으로는 보통선거운동의 배후에 현재의 정치를 유식계급의 것으로 규정하여 그것을 타파함으로써 무산계급에 의한 정치를 실현하려고 하는 공산주의사상이 존재한다고 보는 보수적인 시각도 있었다.

1920년 2월 23일 헌정회와 국민당, 그리고 중립 정당에서 중의원 의원 선거법 개정법안을 상정하자, 하라는 "보통선거가 과연 여론인지, 국민의 공정한 판단에 호소할 수밖에 없다"라고 선언하면서 3월 26일에 의회를 해산하였다. 그리고 5월 10일에 실시한 제14회 총선거에서 정우회는 278석을 차지하는 압도적 승리를 거두었다. 가토가 이끄는 헌정회가 110석, 이누카이의 국민당이 29석, 무소속은 47석이었다.

그런데 정우회가 절대 다수 의석을 차지한 것이 이후 역설적으로 하라 내각의 국정 운영에 긴장감을 이완시키는 결과를 초래하였다. 정우회는 의회를 사유화했다는 비난을 샀으며, 국정 운영에서도 세제 정리와 국방 충실 이외에는 철도·교육·산업에서 적극정책 실행이 전보다 줄어들었다. 정우회는 이후에도 당세 확장에 힘썼지만 그 결과 여러 가지 부작용이 나타났다.

7월 10일에 헌정회 등이 의회에 제출한 불신임안은 146대 283표로 부결되었지만, 이 불신임안이 하라 내각의 여러 정치적 스캔들과 갑작스러운 의회 해산, 시대의 요청인 보통선거에 대한 거부, 시베리아출병 실패 등에 대한 항의라는 점은 새겨들을 필요가 있었다. 하라는 야마가타와 사이온지에게 이때 한 차례 사의를 표명하였으나 결국은 철회하였다.

전후 국제질서와 중국 정책

1918년 11월 11일 연합국과 독일이 휴전을 맺음으로써 4년여에 걸친 제1차 세계대전은 종결되었다. 미국 대통령 윌슨은 레닌이 무병합·무배상주의를 원칙으로 평화를 제창하자 평화를 위한 14개조로 응답하였다. 파리 최고군사회의는 윌슨의 14개조를 기초로 회의에 돌입하여, 1919년 1월 18일부터 6월 28일에 걸쳐 파리강화회의가 프랑스 파리 베르사이유궁전에서 개최되었다.

일본 대표로는 사이온지, 마키노 노부아키(牧野伸顕), 친다 스테미 등이 파견되었다. 과거 프랑스 유학시절부터 클레망소와 친분이 있는 사이온지의 정치적 역할을 기대하면서 마키노가 실무를 지휘하는 역할을 맡은 것이다. 출국에 앞서 하라는 마키노에게 첫째, 외국의 시기심을 사지 말 것, 둘째, 국제연맹은 공론이 아니므로 '주의상 찬성'하도록 할 것이라는 두 가지 원칙을 제시하였다.

하라 내각의 외무대신 우치다 고사이(内田康哉)는 영국을 우선하는 영미외교를 주장하였으나, 하라는 중국외교와 불가분의 관계인 미국외교에서도 협조외교를 지향하는 미영외교 노선을 주장했다. 하라는 중국 이권을 둘러싼 열강과의 특수한 관계를 중시하는 우치다의 외교를 주도하였다.

파리강화회의의 주요 안건은 산둥문제·남양제도문제·인종차별철폐 등이었으며, 중요사항을 결정하는 최고회의 구성원은 미국·영국·프랑스·이탈리아·일본 5개국이었다. 중국은 1917년 8월에 독일에 선전포고하여 승전국에 속하였으나, 사실은 '특수한 이해관계를 갖는 교전국'으로 분류되었을 뿐이었다.

베르사유조약은 전승국 측의 주장, 즉 '강자의 권리'를 강조하면서 패전국에 가혹한 부담이나 조건을 부여하여 다음 대전을 초래하였다. 반면, 강대국 이외 국가들의 문제는 등한시하였다. 이 결과 식민지 조선에서는 3·1 운동이, 중국에서는 5·4 운동이 일어났다. 3·1 운동에 대해서는 다음 절에서 살펴보기로 하고 중국을 중심으로 파리강화회의 결정과 워싱턴회의에 관해 알아보기로 하자.

미국, 영국, 프랑스는 일본과의 관계 악화를 우려하여 중국의 구 독일 이권을 일본에 넘겨주는 데 동의하였다. 이에 항의하여 일어난 것이 5·4 운동이다. 참가자는 학생 외에 상공업자, 노동단체 등 다양하였으며 결국 중국정부도 강화조약 조인을 거부하였다. 이것은 권력을 갖지 못한 사람들의 힘이 민족적 과제 해결에 대해 국가 결정에도 영향을 미칠 수 있는 것을 보여준 사건이다. 경제적으로는 일본제품 배격운동과 국산품 애용운동으로 전개되었다. 이 배경에는 세계대전 중에 열강의 경제력이 부재한 틈을 타 국산품 시장이 확대되어 국내 산업에 유리한 상황이 생겨나 민간자본에 의한 다수 기업 설립된 것도 들 수 있다. 한편으로는 광범위한 산업노동자가 형성되어 이들이 5·4 운동의 새로운 사회세력을 형성한 점도 지적할 수 있다.

파리강화회의에 대처한 일본 정부의 방침은 일찍이 독일 이권을 중국에 반환하겠다는 것을 천명하고 신4국차관단문제에 대응하는 것이었다. 그만큼 중국의 강화조약 조인과 산둥이권 처리에 문제가 없다고 생각했기 때문이기도 하다. 1918년 7월 미국이 일본, 영국, 프랑스에 신4국차관단을 제의한 것은 이 네 국가가 현재 가지고 있는 현재 및 장래의 대화차관을 일원화하려는 시도이기도 하였다.

따라서 일본은 여기에 참가하여 보조를 같이 하면서도 차관의 대상에서 만주와 몽골을 제외하여 일본의 만주에서의 특수권익 전체를 다른 삼국에 인정받으려 하였다. 즉, 기한을 명시하지 않은 산둥이권의 점유와 더불어 만주에서의 특수권익 유지가 당시 하라 내각의 외교방침이었다. '만몽은 일본의 생명선'에 유사한 논리가 처음으로 정부방침이 된 것은 하라 내각에서라고 할 수 있다.

결국 파리강화회의에서 중국 전권단은 독일과의 강화조약 조인을 거부하였으며, 산둥이권 문제는 1921년 1월에서 1922년 2월에 개최된 워싱턴회의에서 논의되었다. 영일동맹 해소와 해군 군축이라는 과제로 열린 워싱턴회의에 대해 대미 협조를 기본으로 하는 일본은 회의 참가에 앞서 산둥이권의 중국 반환을 결정하였다. 1922년 2월 산둥현안에 관한 조약을 조인하여 산둥의 철도 이권은 15년부 국고증권에 의해 상각, 상환까지 일본인 직원의 고용이나 광산의 일중공동경영을 결정하였다.

사실 하라 내각의 대륙정책은 시베리아 문제가 중심이라고 할 수 있다. 소련이 1918년 3월 독일과 단독강화를 체결하자 7월에 미국, 일본, 영국, 프랑스가 체코군 포로 구원을 명목으로 시베리아 파병을 결의하였다. 그러나 다른 나라들이 간섭전쟁의 실패가 명확해진 시점에 군사를 철수시킨 데 비해 일본은 군사를 철수시키지 않아 열강의 의혹과 일본 국내의 반대를 초래하였다. 하라는 시베리아 병력의 점진적 철수를 목표로 군부와의 협력을 모색하였다. 1920년 미국이 출병의 목적을 달성하였다며 철병을 통고해왔으나 니콜라예브스크사건 등으로 완전 철수까지 시일이 경과되었다.

한편, 미국은 1918년 7월 중국에 대한 국제차관단 결성을 영국, 프랑스, 일본에 제안하였다. 이전의 4국차관단과 구분하여 이를 '신4국차관단'이라 부른다. 미국의 의도는 일본의 독점적인 중국 차관을 방지하여 중국의 문호개방정책을 수호하려는 것이었다.

하라 일기에서 많은 비중을 차지하는 중국정책은 바로 이 신4국차관단 참여문제였다. 하라는 이 차관단에 참가하되, 이른바 '만몽(滿蒙)', 즉 만주와 몽고에서의 일본의 기득권을 인정받기 위하여 신4국차관단의 활동 범위에서 어떻게든 '만몽'을 제외시키려고 하였다. 신4국차관단은 결국 1920년 10월에 결성되었으나 각국이 일본처럼 기득권을 설정하는 등 활동에 한계를 가지면서 실효를 거두지 못하였다.

3·1 운동 대응과 식민지 관제 개정

하라는 식민지에 대해 일찍부터 '내지연장주의'를 주장하여 "조선은 보통의 식민지로 보지 말고 마침내는 일본에 동화시켜야 한다"는 생각을 가지고 있었다. 그는 제1차 사이온지 내각의 내무대신 재임 중에 러일전쟁에서 얻은 남사할린 장관에 무관전임제를 주장하는 육군을 누르고 무관으로 한

정하지 않는 제도화를 추진한 바 있으며, 1919년 4월 관동도독부를 폐지하고, 남만주 통치를 통괄하는 관동청을 설치하여 그 초대 장관에 문관 하야시 곤스케를 임명함과 동시에 관동군 사령관을 별도로 두었다. 조선에 대해서도 조각 당초부터 조선총독의 무관전임제 폐지를 계획하고 있었다.

그런데 계획을 실천하기 전에 3·1 운동이 발발하였다. 하라 내각은 조선군 사령관과 조선총독의 병력 파견 요청에 대해 보병 6대대와 보조 헌병 400명 파견을 결정하였다.

일본 정부의 방침은 "이번 소요사건은 내외에 대해서 표면상으로는 경미한 문제로 간주될 필요가 있다. 그러나 이면에서는 엄중한 처치를 취해 장래 재발하지 않도록 해주기 바라며, 그 처치에 대해서는 외국인이 가장 주목하는 문제이므로 자칫 '잔혹가찰(殘酷苛察)하다'는 비평을 초래하지 않도록 충분히 주의를 기울이기 바란다"고 결정하였다.

3·1 운동 진압에서는 제암리사건 등 잔혹한 사건이 해외 언론에도 보도되는 등 널리 알려졌으나 일본정부는 사태를 경미하게 처리하기 위하여 조선총독 및 조선군 사령관, 제암리사건 진압 당사자 등 누구에게도 책임을 묻지 않았다. 하세가와 조선총독은 경질되었지만 사직의 이유는 '고령'이었다. 즉, '조선소요사태'에 대해서는 공식적으로 책임이 없는 것으로 처리한 것이다.

하라는 조선총독부 관제를 개정하여 당시 조선총독부 정무총감 야마가타 이사부로(山県伊三郎)를 문관 총독으로 임명하고자 했다. 아버지인 육군 원로 야마가타 아리토모와 여러 차례 논의했으나 결국 문관 총독 임명에는 실패했다.

타이완총독부 관제 개정도 동시 추진하여 개정된 조선총독부 관제와 타이완총독부 관제는 8월 8일에 추밀원회의를 전원 일치로 통과하고 10일에 발표되었으나 시행되기까지는 적어도 20일 이상이 필요하였다.

일본 정부는 조선총독 후임으로 사이토 마코토(斎藤実), 정무총감에 미즈노 렌타로(水野錬太郎)를 내정하였으나 관제 심의에 40여일이 소요되어 임명이 늦어졌다. 결국 추밀원에서 관제 심의에 긴 시간을 끌었던 것이 조선에 불안을 조성하였으므로 현 관제에 따라 총독 및 정무총감을 임명하기로 결정하여 예비역 해군대장인 사이토를 현역으로 복귀시킨 후 조선총독으로 임명하였다.

하라는 오히려 3·1 운동의 여파가 진정되지 않은 조선의 상황으로 보아 사이토의 현역 복귀가 사태 해결에 도움이 된다고 생각하였다. 문관을 총독으로 임용하는 관제 개정을 추진해왔던 하라 다카시가 예비역 해군대장을 현역으로 복귀시켜 구 관제에 의해 임명해버린 점, 3·1 운동 진압을 위해 무관 총독이 오히려 필요하다고 역설한 점은 정무와 군사의 분리를 조선총독부 관제에 굳이 명시한 개정의 의의를 훼손하는 것이었다.

한편, 타이완 총독에 문관을 임용하는 문제는 생각보다 간단히 이루어졌다. 다나카는 그 이유로, 타이완에는 주로 해군이 주장하여 총독무관제가 시행되었고, 육군은 대륙의 교두보로서 조선과 관동주를 얻었으므로 타이완총독부 관제개혁에 대해 관심이 별로 없었다는 점, 그리고 해군도 타이완의 전략가치에 대해서는 차치하더라도 통치 방식에 대해서는 무관총독을 고집하지 않았다는 점들을 들었다. 더욱이 야마가타도 문관 임용에 반대하지 않았다.

그러나 보다 근본적인 이유로는 조선총독부에 대해서 관제 개정을 통해서도 문관 임용을 용납하지 않았던 육군으로서는 타이완에 대해서는 양보하지 않을 수 없었다는 점을 지적할 수 있다. 더욱이 3·1 운동 발발 후에 교체된 조선총독과 달리 타이완총독은 아카시 모토지로(明石元次郎)의 사망으로 인하여 후임자를 인선했다는 차이가 있었으므로 문관 총독을 임용하여 관제 개정의 의의를 살릴 수 있었다.

타이완총독에 임용된 뎅 겐지로(田健治郎)는 1895년 타이완사무국에 당시 체신성 통신국장으로 참여하여 타이완에 문관 총독을 임명하는 데 찬성한 바 있으므로, 그 자신이 최초의 문관 타이완총독에 임명된 의의는 크다.

마지막으로 하라의 식민지통치관에 대하여 살펴보자. '동화'를 직접적인 목표로 삼기보다는 '동화의 가능성을 전제조건으로 제도를 선행하려는' 하라의 사고방식은 '내지연장주의'라 불리기도 한다. 그렇다면, 이 연장선상에서 3·1 운동 후 하라의 조선통치론을 살펴보자.

하라의 식민지정책의 최종 목표는 완전한 동화다. 그는 '조선을 보통의 식민지로 보지 말고 마침내는 일본에 동화시켜야 한다. 또한 조선인은 동화시킬 수 있는 인민이다'라고 주장하였으며, 일본어를 충분히 습득할 필요가 있다. 그러나 그렇게 된다면, '장래 부현회나 국회의원을 배출하는 것도 문제없다. 그것은 마치 내지에서의 류큐 또는 홋카이도와 같은 것이다'라고 설명한 바 있다.

3·1 운동에 대한 진압을 두고 국제사회로부터 비난이 들끓자, 5월 15일 재조선 미국 선교사 웰치(Herbert Welch)가 하라를 방문했다. 그는 조선군벌정치의 가혹함, 순사와 헌병의 불법, 각지에서 기독교 신자에 대한 압박부터 조선인에 대한 차별대우 및 교육차별에 이르기까지 허심탄회하게 의견을 말했다. 그러자 하라는 다음과 같이 답했다.

본래 조선에 대해 여러 가지 개혁을 할 생각이었는데 실행하기 전에 이번 소동이 일어난 게 유감스럽다. 이 때문에 개혁

이 지연되지 않을 수 없으며 진정되기를 기다릴 필요가 있다. 동시에 이 소요로 인해 불량한 일이 발생하여 병사를 증원하여 보냈다. 이것은 조선 정벌을 위한 것이 아니라 진정되기를 바라기 때문이다. 따라서 이 조치로 진정된다면 상당한 개혁을 할 생각이지만 이를 구체적으로는 보여주기 어렵다. 그러나 내 생각은 조선인을 내지인과 마찬가지로 대우하려는 데 있다. 영국과 미국이 인종, 종교, 언어, 역사를 달리하는 인민을 다스리는 것과 같은 주의로 조선을 다스리는 것은 잘못된 것이다. 일본과 조선이 동일한 나라가 되면 동일한 방침으로 통치하기를 바라지만, 단 문명의 정도, 생활의 정도 등 때문에 오늘 당장 내지와 같게 하기 어려운 것은 물론이다.

여기서 주의깊게 살펴볼 점은 이미 조선통치에 대한 상당한 개혁을 준비하고 있었으나 3·1 운동이 발발하였고, 우선은 군대를 동원한 사태 진압이 필요하다는 점이다. 조선인에 의한 독립 요구를 진압한 후에야 조선인을 내지인과 같이 대우하는 상당한 개혁을 진행하겠다는 것이다. 이 내용은 하라가 신임 정무총감 미즈노에게 준 '조선통치사견'과 거의 내용이 일치한다.

조선을 통치하는 원칙으로는 내지 인민을 통치하는 것과 완전히 같은 주의, 같은 방침으로 근본정책을 정하지 않으면 안된다. 다만 문명의 정도, 생활의 상태 등에 따라 동일하게 하는 것이 어려울 경우 잠시 점차 진행시키는 방침을 정하지 않으면 안 될 뿐이다.

이러한 하라의 생각과 공감대를 형성한 인물이 바로 송병준이다. 하라는 3·1 운동이 일어났다는 소식을 듣자 그 원인으로 '지난날 송병준이 조선인에게 참정권을 빨리 부여하는 것이 득책이라는 의견을 제시한 적이 있었던' 것을 상기하고 조선인에게 진작 참정권을 부여하고 회유하지 못한 것이 3·1 운동 발발의 한 원인이라고 생각하였다.

5월 18일에 하라 수상을 방문한 송병준은 조선인에 대한 차별적 대우, 교육차별, 관리 등용의 차별, 헌병의 압제 가찰 등 총독정치의 실정이 3·1 운동의 원인이며, "총독을 문관제도로 개정해야 한다. 그 근본제도를 바꾸지 않으면 어떤 개혁도 효과가 없다"고 주장하였다. 이에 대해 하라는 적극적으로 공감하였다.

10월 2일에 송병준이 방문하여 '조선인을 관리로 등용하면 어떻겠는가'라고 제안하자 하라는 조선에서도 등용하고, 내지에서도 적임자는 채용하겠다는 의사를 표현하였다. 더욱이 송병준이 조선어신문을 발행할 필요를 제기하자 하라는 계획안을 제출하라고 권유하였다. 11월 22일에 하라는 미즈노 정무총감과 조선치안상 기밀비를 증액할 필요성, 송병준에게 홋카이도 토지를 불하하여 조선인 희망자를 이주시키는 건, 조선어신문 발행 등에 대하여 논의하였다. 이에 대해 미즈노도 찬성하였다. 결국 하라의 내지연장주의가 궁극적으로 지향하는 것은 친일적인 조선인을 적극 육성하여 조선을 영원히 일본의 한 부분으로 만드는 통치에 있다는 것을 알 수 있다.

하라 다카시의 죽음

1921년 11월 4일 교토에서 열리는 정우회대회에 참석하기 위하여 도쿄역에서 개찰구를 향하여 걸어가던 하라는 갑자기 돌진해온 암살자에 의해 단도로 오른쪽 가슴을 찔리고 쓰러졌다. 하라는 즉시 역장실로 실려가 응급처치를 받았으나 상처가 폐와 심장을 관통하였기 때문에 잠시 후 사망하였다.

체포된 암살자는 당시 19세의 도쿄 오쓰카역(大塚駅)의 역원 나카오카 곤이치(中岡艮一)였다. 나카오카는 도쿄지방재판소에서 무기징역을 선고받았으나 이례적인 재판의 빠른 진행과 조서가 거의 남아 있지 않는 등 여러 가지 의혹을 남겼다. 그 후 나카오카는 세 번의 감형 끝에 1934년에 석방되어 1980년에 77세로 생애를 마쳤다. 그러나 지금까지도 암살의 배후는 밝혀지지 않았으며, 우익과의 관련설이 제기되었을 뿐이다.

암살의 석연찮은 배후를 차치하고 보면, '평민재상' 하라가 가난한 민중 나카오카에게 살해당한 것은, 제1차 세계대전 후의 물가 폭등 속에서 하라내각이 도시의 민중을 적으로 돌린 탓이라 해석되기도 한다.

하라의 사망 이후 다카하시 내각이 수립되었으나 정우회는 구심점을 상실하고 분열을 거듭하게 되었다. 정우회가 보여준 가장 큰 문제점은 다카하시 내각의 다음 내각으로 헌정회내각이 성립하는 것을 막기 위하여 귀족원을 기반으로 하는 가토 도모사부로(加藤友三郎) 내각에 대한 무조건적인 원조에 나섰다는 점이다. 하라 사후의 정우회는 헌정회와의 정권 교대를 통해 귀족원 개혁 등을 시행하는 큰 그림을 그리지 못하고 눈앞의 라이벌에게 정권을 넘기지 않으려고 정당내각제의 기반을 스스로 파괴하였던 것이다.

한편, 하라는 사망 9개월 전에 유서를 작성하여 재산 관리에서부터 자신의 일기 등을 어떻게 처분할 것인지에 이르기까지 자세한 내용을 기록해두었다. 그 전부터 암살에 대한 소문이 있었던 데 대한 대응이었을지도 모른다.

정치인 하라 다카시에 대한 평가

정치가는 죽어서 그 철학으로 평가되는 경우가 많다. 당장의 현안을 처리하는 것뿐 아니라 지향하는 목표를 설정하고 장기적인 안목으로 접근할 수 있어야 큰 정치가라 할 수 있을 것이다. 하라 다카시는 일본의 정당정치의 상징과 같은 존재다. 그는 정우회 창당부터 참여하여 게이엔시대를 거쳐 정우회를 기반으로 하는 명실상부한 정당내각을 구성했던 인물이다. 뿐만 아니라 식민지와 만주에까지 정당 세력을 확대하려고 노력하였다.

그러나 하라의 정치철학이 과연 무엇이었는가에 이르러서는 가히 높은 평가를 받지는 못하였다. 평론가 우자키 로조(鵜崎鷺城)는 "기략, 권모술수라는 마키아벨리즘이라는 면에서 보면, 하라는 결코 범용한 인물이 아니지만 그에게는 정치적 신념이 없다. 사리를 떠나 국가에 이바지하려는 고상한 야심도 없다. 내치, 외교, 재정이라는 큰 틀에 관해서도 그는 아직 일찍이 자신의 포부를 표명한 적이 없다(『일본 및 일본인(日本及日本人)』, 1914. 7.)"라고 하라의 정치철학 부재를

'백지주의'라고 비판하였다.

한편, 하라의 전기를 쓴 마에다 렌잔(前田連山)도 하라의 정치철학 부재를 비판적 시선으로 바라보았다. "하라는 이상이 부족하다. 국가 백년대계라는 것은 그에게 '어리석은 자의 꿈'일 뿐이다. 그러나 오늘 이 자리에서 계획이라는 점에서는 여러 가지 기책, 묘계가 앉은자리에서 떠오르며, 그 실행에서도 물샐 틈 없이 전광석화로 실현한다(『태양(太陽)』, 1914. 6. 15.)"고 평가하여 하라에 대해 '오늘주의자'라는 이름을 붙였다. 그런데 마에다의 평가는 단점을 비판하면서도 장점을 잘 지적하고 있다. 하라는 큰 이상을 설정하고 그것을 실현해간 정치가는 아니었으나 현실 과제를 풀어가기 위한 협상에 능한 정치가였다.

자칫 권모술수처럼 보일 수도 있지만 하라에게는 사람의 말을 주의 깊게 듣고, 상대를 설득해내는 능력이 있었다. 흔히 일본정치사에서 정치가와 군인을 대립하는 관계로 인식하기 쉽지만 하라는 육군의 거두인 야마가타 아리토모를 비롯하여 가쓰라 다로, 하라 내각의 육군대신 다나카 기이치에 이르기까지 정당에 비판적인 육군을 포용하여 협상을 통해 설득하였다. 특히 정당내각 탄생에 비판적인 야마가타와는 내각 운영의 파트너로 대부분의 정치 현안을 의논하는 상대였다. 하라의 죽음을 야마가타가 진심으로 애통해한 것을 보면 야마가타에게도 하라는 자신을 잘 알아주는 소중한 상대였다는 의미가 아닐까? 또한 다나카 기이치를 정우회에 입당시키고 육군과의 파이프라인으로 활용하였으니 그를 통해 육군을 통제해간 고도의 정치술을 평가할 수 있다.

하라의 정치는 이른바 '적극주의' 노선으로 불리었다. 하라 자신의 입을 빌려서 설명하자면 다음과 같다.

일본은 개국 이래 모든 점에서 이른바 개국진취의 방침을 도입하여 오늘날의 성운(盛運)에 이르렀으며, 이것이야말로 적극정책이다. 그러나 정우회가 철도의 건설·개량, 항만 개량·수축 등 적극정책을 행하면 한 무리의 인간들은 그것을 당리당략이라고 비난한다. 다만 이는 결과로서 국력의 발전, 국민의 복리 증진으로 이어지고 있다. 만일 이러한 적극주의를 비판하고 철도 연장도 하지 않고 항만 수축·개량도 하지 않는다면, 국가의 발전은 불가능하며, 중대한 결과가 일어날 것이다.

한마디로 말하자면 근대적 시설을 적극적으로 건설하여 그 결과로 국력 발전, 국민의 복리 증진을 꾀하는 것이 적극주의이다. 그는 특히 전국에 철도 노선을 더욱 확대하고 항만을 증설하자는 정책을 취하였다. 당시 일본의 철도는 국제 표준궤보다 좁은 협궤였다. 고토 신페이 같은 경우는 기존의 협궤를 국제 표준궤로 개량해야 한다는 주의였으나, 하라는 기존의 협궤를 토대로 전국에 철도를 부설해야 한다는 입장에 섰다.

그런데 문제는 이러한 공공사업을 추진하기 위해서는 재원 확보가 중요하다는 점이다. 즉 돈이 많이 드는 정책을 시행하려는 것이 적극주의이다. 재원을 늘리기 위해서는 내외채를 발행하거나 세금을 올리는 수밖에 없었지만 대장대신 다카하시 고레키요(高橋是清)는 이러한 방법을 통한 적극주의에 찬성하였다.

이처럼 국민의 세금을 더 걷어서 적극주의 정책의 여러 사업들을 진행하는 이상, 건설되는 시설이 지역적으로도 규모로도 타당한가 하는 평등성과 공공성을 확보하는 것이 문제였다. 하라는 첫째, 국민이 균등하게 문명의 혜택을 누리고(국민의 복리 증진), 둘째, 그 문명을 이용하여 국민이 각지에서 식산흥업에 힘쓴다면 그 결과로 국력이 발전하는 것이라고 보았다. 즉 지방의 발전이 국가의 발전과 동의어인 것이 하라가 추진하는 적극정책의 특징이었다.

국가의 발전이 대외팽창으로 나타났던 청일전쟁과 러일전쟁 시기에는 적극주의의 여러 사업들을 추진하기는 어려웠으나 러일전쟁 후의 경제력이 중시되는 시대에는 적합한 정책이라고 할 수 있다. 반면, 러일전쟁 이후의 국가 재정이

피폐했다는 점, 전쟁자금을 대기 위하여 많은 세금을 부담했던 국민들에게 또다시 증세를 요구하는 것이 어려웠다는 점 또한 적극주의 정책 추진의 걸림돌이 되었다. 따라서 적극주의는 늘 정치쟁점화되지 않을 수 없었으며, 제대로 실현되기도 어려웠다. 그러나 하라는 성공 여부와 상관없이 늘 적극주의를 제시하면서 정국을 이끌어갔다.

한편, 정우회 총재로서의 하라를 평가해보기로 하자.

정계의 거물 이토 히로부미는 정우회를 설립하자, 정우회 안에서 군림하면서 당을 사유화하였다. 그 결과 이토 계열의 관료 정치가는 포스트 이토 히로부미의 자리를 둘러싸고 대립하였으며, 구 자유당에서 참가한 의원들 중에는 정권의 떡고물을 주워 먹으려고 개인플레이하는 사람이 많았다. 게다가 반대당은 물론이고 당 안에서도 관료와 군부 세력이 당을 흔들었다.

반면, 제2대 총재인 사이온지는 당무에 크게 관여하지 않고 하라와 마쓰다에게 맡기는 스타일이었다. 따라서 사이온지 총재시대의 정우회에서는 프랑스학을 공통분모로 하는 사이온지, 하라, 마쓰다 트로이카 체제가 형성되었다.

제3대 하라 총재 시대에 이르면 모든 것을 총재가 주관하는 전제적인 지도체제가 형성되었다. 하라는 정우회 본부가 있는 시바공원 근처에 집을 얻어 매일 내방하는 다수 당원을 정중히 응접하였다. 하라의 정우회 지도방침은 과격한 정치 의견을 말하며 경거망동하거나 돈에 휩쓸리는 체질을 일소하는 한편, 지방의 발전을 마음으로부터 염원하는 온후하고 유화한 신사 스타일의 지방 명망가를 중시하였다. 즉, 지역의 인재를 발굴해 적극주의 추진의 동력으로 삼고자 하였다.

그러나 한편으로는 다양한 분야에서 인재를 영입하였다. 하라 총재는 노다 우타로(野田卯太郎), 요코다 센노스케(横田千之助) 등 교섭능력과 정책입안 능력이 있는 인재를 등용하였으며, 도코나미 다케지로(床次竹二郎), 다카하시 고레키요(高橋是清), 야마모토 다쓰오(山本達雄) 등 관료 출신자를 입당시켜 상급간부로 등용하였다. 나아가 다나카 기이치로와 같은 육군 출신까지도 정우회에 입당시켜 군부의 협력을 얻고자 하였다.

하라 총재의 당 지도 방침은 이른바 피라미드식 정치지도라 할 수 있다. 하라가 가장 위에서 상급간부를 통솔하고 제어하면, 이들이 총재의 의향에 따라 실무를 추진하는 의원들을 지도하는 형태였다. 하라는 또한 정치자금문제에서 엄격한 태도를 취하였다. 즉 당원들이 외부세력으로부터 개별적으로 돈을 받은 것을 싫어하였으며, 당 운영에 관한 비용은 총재가 염출하였다. 후루카와(古河) 재벌과의 유착설이 있으나 하라의 정치자금이 어디서 나왔는지에 대해서는 명확히

밝혀지지 않았다. 그러나 풍부한 자금을 동원하여 당원들의 이반을 막을 수 있었던 것만은 사실이었다.

'하라 다카시는 훌륭한 정치가였는가?'라고 묻는다면 반드시 그렇다고 답하기 어렵다. 그러나 정당 지도자 하라 다카시의 장악력은 뛰어났다. 하지만 다른 관점에서 본다면 내각 구성원은 물론 식민지와 조차지 장관에까지 정우회 인물을 심으려고 노력했던 하라의 정책이 다른 세력의 반감을 불러일으켰다고도 말할 수 있다. 어느 정치인의 표현을 빌어서 표현하자면, '하라 다카시는 뼛속까지 정당인'이었다고 할 수 있다.

정치 인식의 한계, 그리고 완전한 동화를 지향하는 식민지 통치

하라 다카시는 러일전쟁 후 일본을 이끌어간 제2세대 정치 지도자들 중에서도 특이한 유형에 속한다. 첫째로는 조슈나 사쓰마 등 유력 번 출신이 아니라는 점을 지적할 수 있다. 역적의 땅 도호쿠 출신이었기 때문에 근대 일본의 정부에서 활약하기는 어려웠다.

그러나 그런 핸디캡을 이기면서 처음에는 언론계에서 시작하여 그나마 문호가 개방된 외무성에 입성하여 차츰 중심부로 진출해갈 수 있었다. 여러 후원자를 얻기도 하였으나 그가 정계에서 이룬 것은 모두 그 자신의 노력으로 성취한 것이라고 말할 수 있다.

두 번째로는 일본의 근대교육이 아직 체계를 갖추기 전이기는 하지만, 별다른 학력이 없는 인물이라는 점이다. 그는 학교 졸업장도, 유학 경험도 없이 사법성 법학교 중퇴의 학력으로 정치권의 가장 높은 자리에 올랐다. 그에게 기회를 준 것은 고난을 통해 갈고닦은 자신의 능력이었다.

우선 프랑스인 신부의 시종으로 수행하면서 익힌 프랑스어가 힘이 되었다. 아직 일본에서 외국어 능통자가 부족했던 시절에 프랑스어를 바탕으로 신문사에서 번역기자로 활동하고 톈진영사로 부임한 것이 이후 그의 장래를 열어주었다. 다음으로는 신문사에서 얻은 경력과 경영능력도 이후 정치가 하라에게 큰 도움을 주었다.

세 번째로는 특유의 꼼꼼한 성격과 논리적인 정세 판단을 통해 상사의 인정을 받으며, 후원자를 만들고 기회를 얻었다는 점이다. 하라는 에도시대 모리오카 난부번의 가로 집안에서 태어난 '고귀한 신분' 출신이었지만, 전형적인 자수성가형으로 가장 아래에서부터 능력을 인정받으면서 자신의 미래를 개척해갔다. 그가 신문사와 외무성, 정당을 발판으로 한발 한발 나아가 마침내 내무대신, 총리대신의 지위에 오른 것은 근대 일본에서도 매우 극적이고 예외적인 경우라고 할 수 있다.

하라는 평생 작위를 거부한 '평민 재상'이었으나, 민중의 기대에는 부응하지 못한 정치 인식의 한계를 보였다.

첫째는 적극정책의 한계다. 적극정책을 통한 정우회의 기반 확대에는 성공하였지만, 한편으로는 정치 스캔들의 불씨를 안게 되었다는 점, 내각의 적극정책은 러일전쟁 이후 재정의 어려움과 연이은 증세로 인한 국민의 피로감 때문에 긴축정책으로 전환되지 않을 수 없었던 모순이 있었다.

두 번째로는 보통선거운동, 식민지 통치, 3·1 운동과 5·4 운동 대응 등에서 모두 보수적인 가치관을 드러낸 점을 들 수 있다. 특히 보통선거운동에 대해 시기상조라는 인식으로 선거 자격 완화에 그친 점은 국민들에게 큰 실망을 주었다.

한편, 한국과의 관계에서는 외무성 통상국장시절의 조선 출장, 조선공사 부임, 1911년의 조선 시찰 등을 통해 조선총독이나 조선군사령관 출신을 제외하고는 가장 많이 조선을 접한 일본 수상이라고 평가할 수 있다.

그는 타이완총독부 설치 때부터 서양 제국이 인종이 다른 나라를 지배하는 것과 일본이 인종이 같은 동아시아 이웃나라를 지배하는 것은 다르다고 주장하였으며, 식민지에도 일본과 같은 법제도와 교육제도를 실시해야 한다고 주장하였다. 그러나 이러한 '내지연장주의'야말로 '일본이 주도하는 식민지의 완전한 동화'를 목표로 하였다는 점에 주의할 필요가 있다. 이는 3·1 운동에 대한 일본정부의 신속하고 강경한 진압방침에서도 드러난다. 식민지 민중의 아래로부터의 저항을 철저하게 진압하면서 완전한 동화를 이루고자 한 것이 하라의 식민지 지배정책의 본질이라는 점에 주목해야 한다.

참고문헌

민두기, 『신해혁명사』, 민음사, 1994.

大山梓編, 『山縣有朋意見書』, 原書房, 1966

鈴木利貞編, 『原敬全傳(地篇)』, 日本評論社, 1922.

外務省編, 『日本外交文書』明治 第25巻, 巖南堂書店, 1952.

外務省編, 『日本外交文書』明治 第26巻, 日本国際連合協会, 1962.

高倉徹一編, 『田中義一伝記』下巻, 田中義一伝記刊行会, 1960.

原奎一郎編, 『原敬日記』1~5, 福村出版, 1965.

原敬全集刊行会, 「支那朝鮮漫遊談」, 『原敬全集』下巻, 原書房, 1969.

「原敬朝鮮統治私見」, 『外地統治機構の研究』, 高山書院, 1943.

松尾尊兌 [ほか]編, 『吉野作造選集』9, 岩波書店, 1995.

『東京朝日新聞』

季武嘉也,『原敬 日本政党政治の原点』, 山川出版社, 2010.

北岡伸一,『日本陸軍と大陸政策: 1906~1918年』, 東京大学出版会, 1978.

小林道彦,『大正政変-国家経営構想の分裂』, 千倉書房, 2015.

松本健一,『原敬の大正』, 毎日新聞社, 2013.

御厨貴編,『近現代日本を資料で読む』, 中公新書, 2011.

有馬学,『「国際化」の中の帝国日本: 1905~1924 (日本の近代; 4)』, 中央公論新社, 1999.

栗田直樹,『原敬日記を読む』, 成文堂, 2018

長田彰文,『日本の朝鮮統治と国際関係』, 平凡社, 2005.

川田稔,『原敬と山県有朋　国家構想をめぐる外交と内政』, 中央公論社, 1998.

김영숙, 「외무성 통상국장 하라 다카시(原敬)의 조선 출장과 외교활동」, 『일본학보』 74, 2008.

김영숙, 「근대 미디어로서의 관보 창간-메이지 일본과 조선을 중심으로」, 『일본학연구』 37, 2012.

김영숙, 「근대 일본 정치가의 청국과 조선 시찰-『原敬日記』를 중심으로」, 『일본학보』 96, 2013.

한철호, 「개화기(1880~1906) 역대 주한 일본공사의 경력과 한국 인식」, 『한국사상사학』 25, 2005.

大江支乃夫, 「山県系と植民地武断統治」, 『帝国統治の構造』, 岩波書店, 1992.

久保田裕次, 「日露戦後における対中国借款政策の展開＿漢冶萍公司を中心に」, 『日本史研究』589, 2011.

新城道彦, 「李王職の編成と職員の構成＿1911年から1943年までの李王職の編成人員確定作業」, 『韓国言語文化研究』18, 2011.

春山明哲, 「明治憲法体制と台湾統治」, 『統合と支配の論理』, 岩波書店, 1993.

山本四郎, 「韓国統監府設置と統帥権問題」, 『日本歴史』336, 1976.

프랑스엔 〈크세주〉, 일본엔 〈이와나미 문고〉, 한국에는 〈살림지식총서〉가 있습니다.

001 미국의 좌파와 우파 | 이주영
002 미국의 정체성 | 김형인
003 마이너리티 역사 | 손영호
004 두 얼굴을 가진 하나님 | 김형인
005 MD | 정욱식
006 반미 | 김진웅
007 영화로 보는 미국 | 김성곤
008 미국 뒤집어보기 | 장석정
009 미국 문화지도 | 장석정
010 미국 메모랜덤 | 최성일
011 위대한 어머니 여신 | 장영란
012 변신이야기 | 김선자
013 인도신화의 계보 | 류경희
014 축제인류학 | 류정아
015 오리엔탈리즘의 역사 | 정진농
016 이슬람 문화 | 이희수
017 살롱문화 | 서정복
018 추리소설의 세계 | 정규웅
019 애니메이션의 장르와 역사 | 이용배
020 문신의 역사 | 조현설
021 색채의 상징, 색채의 심리 | 박영수
022 인체의 신비 | 이성주
023 생물학무기 | 배우철
024 이 땅에서 우리말로 철학하기 | 이기상
025 중세는 정말 암흑기였나 | 이경재
026 미셸 푸코 | 양운덕
027 포스트모더니즘에 대한 성찰 | 신승환
028 조폭의 계보 | 방성수
029 성스러움과 폭력 | 류성민
030 성상 파괴주의와 성상 옹호주의 | 진형준
031 UFO학 | 성시정
032 최면의 세계 | 설기문
033 천문학 탐구자들 | 이면우
034 블랙홀 | 이충환
035 법의학의 세계 | 이윤성
036 양자 컴퓨터 | 이순칠
037 마피아의 계보 | 안혁
038 헬레니즘 | 윤진
039 유대인 | 정성호
040 M. 엘리아데 | 정진홍
041 한국교회의 역사 | 서정민
042 야훼와 바알 | 김남일
043 캐리커처의 역사 | 박창석
044 한국 액션영화 | 오승욱
045 한국 문예영화 이야기 | 김남석
046 포켓몬 마스터 되기 | 김윤아

047 판타지 | 송태현
048 르 몽드 | 최연구
049 그리스 사유의 기원 | 김재홍
050 영혼론 입문 | 이정우
051 알베르 카뮈 | 유기환
052 프란츠 카프카 | 편영수
053 버지니아 울프 | 김희정
054 재즈 | 최규용
055 뉴에이지 음악 | 양한수
056 중국의 고구려사 왜곡 | 최광식
057 중국의 정체성 | 강준영
058 중국의 문화 코드 | 강진석
059 중국사상의 뿌리 | 장현근
060 화교 | 정성호
061 중국인의 금기 | 장범성
062 무협 | 문현선
063 중국영화 이야기 | 임대근
064 경극 | 송철규
065 중국적 사유의 원형 | 박정근
066 수도원의 역사 | 최형걸
067 현대 신학 이야기 | 박만
068 요가 | 류경희
069 성공학의 역사 | 정해윤
070 진정한 프로는 변화가 즐겁다 | 김학선
071 외국인 직접투자 | 송의달
072 지식의 성장 | 이한구
073 사랑의 철학 | 이정은
074 유교문화와 여성 | 김미영
075 매체 정보란 무엇인가 | 구연상
076 피에르 부르디외와 한국사회 | 홍성민
077 21세기 한국의 문화혁명 | 이정덕
078 사건으로 보는 한국의 정치변동 | 양길현
079 미국을 만든 사상들 | 정경희
080 한반도 시나리오 | 정욱식
081 미국인의 발견 | 우수근
082 미국의 거장들 | 김홍국
083 법으로 보는 미국 | 채동배
084 미국 여성사 | 이창신
085 책과 세계 | 강유원
086 유럽왕실의 탄생 | 김현수
087 박물관의 탄생 | 전진성
088 절대왕정의 탄생 | 임승휘
089 커피 이야기 | 김성윤
090 축구의 문화사 | 이은호
091 세기의 사랑 이야기 | 안재필
092 반연극의 계보와 미학 | 임준서

093 한국의 연출가들 | 김남석
094 동아시아의 공연예술 | 서연호
095 사이코드라마 | 김정일
096 철학으로 보는 문화 | 신응철
097 장 폴 사르트르 | 변광배
098 프랑스 문화와 상상력 | 박기현
099 아브라함의 종교 | 공일주
100 여행 이야기 | 이진홍
101 아테네 | 장영란
102 로마 | 한형곤
103 이스탄불 | 이희수
104 예루살렘 | 최창모
105 상트 페테르부르크 | 방일권
106 하이델베르크 | 곽병휴
107 파리 | 김복래
108 바르샤바 | 최건영
109 부에노스아이레스 | 고부안
110 멕시코 시티 | 정혜주
111 나이로비 | 양철준
112 고대 올림픽의 세계 | 김복희
113 종교와 스포츠 | 이창익
114 그리스 미술 이야기 | 노성두
115 그리스 문명 | 최혜영
116 그리스와 로마 | 김덕수
117 알렉산드로스 | 조현미
118 고대 그리스의 시인들 | 김헌
119 올림픽의 숨은 이야기 | 장원재
120 장르 만화의 세계 | 박인하
121 성공의 길은 내 안에 있다 | 이숙영
122 모든 것을 고객중심으로 바꿔라 | 안상헌
123 중세와 토마스 아퀴나스 | 박경숙
124 우주 개발의 숨은 이야기 | 정홍철
125 나노 | 이영희
126 초끈이론 | 박재모·현승준
127 안토니 가우디 | 손세관
128 프랭크 로이드 라이트 | 서수경
129 프랭크 게리 | 이일형
130 리차드 마이어 | 이성훈
131 안도 다다오 | 임채진
132 색의 유혹 | 오수연
133 고객을 사로잡는 디자인 혁신 | 신언모
134 양주 이야기 | 김준철
135 주역과 운명 | 심의용
136 학계의 금기를 찾아서 | 강성민
137 미·중·일 새로운 패권전략 | 우수근
138 세계지도의 역사와 한반도의 발견 | 김상근
139 신용하 교수의 독도 이야기 | 신용하
140 간도는 누구의 땅인가 | 이성환
141 말리노프스키의 문화인류학 | 김용환
142 크리스마스 | 이영제
143 바로크 | 신정아
144 페르시아 문화 | 신규섭
145 패션과 명품 | 이재진
146 프랑켄슈타인 | 장정희
147 뱀파이어 연대기 | 한혜원
148 위대한 힙합 아티스트 | 김정훈
149 살사 | 최명호
150 모던 걸, 여우 목도리를 버려라 | 김주리
151 누가 하이카라 여성을 데리고 사뉴 | 김미지
152 스위트 홈의 기원 | 백지혜
153 대중적 감수성의 탄생 | 강심호
154 에로 그로 넌센스 | 소래섭
155 소리가 만들어낸 근대의 풍경 | 이승원
156 서울은 어떻게 계획되었는가 | 염복규
157 부엌의 문화사 | 함한희
158 칸트 | 최인숙
159 사람은 왜 인정받고 싶어하나 | 이정은
160 지중해학 | 박상진
161 동북아시아 비핵지대 | 이삼성 외
162 서양 배우의 역사 | 김정수
163 20세기의 위대한 연극인들 | 김미혜
164 영화음악 | 박신영
165 한국독립영화 | 김수남
166 영화와 샤머니즘 | 이종승
167 영화로 보는 불륜의 사회학 | 황혜진
168 J.D. 샐린저와 호밀밭의 파수꾼 | 김성곤
169 허브 이야기 | 조태동·송진희
170 프로레슬링 | 성민수
171 프랑크푸르트 | 이기식
172 바그다드 | 이동은
173 아테네인, 스파르타인 | 윤진
174 정치의 원형을 찾아서 | 최자영
175 소르본 대학 | 서정복
176 테마로 보는 서양미술 | 권용준
177 칼 마르크스 | 박영균
178 허버트 마르쿠제 | 손철성
179 안토니오 그람시 | 김현우
180 안토니오 네그리 | 윤수종
181 박이문의 문학과 철학 이야기 | 박이문
182 상상력과 가스통 바슐라르 | 홍명희
183 인간복제의 시대가 온다 | 김홍재
184 수소 혁명의 시대 | 김미선
185 로봇 이야기 | 김문상
186 일본의 정체성 | 김필동
187 일본의 서양문화 수용사 | 정하미
188 번역과 일본의 근대 | 최경옥
189 전쟁국가 일본 | 이성환
190 한국과 일본 | 하우봉
191 일본 누드 문화사 | 최유경
192 주신구라 | 이준섭
193 일본의 신사 | 박규태
194 미야자키 하야오 | 김윤아
195 애니메이션으로 보는 일본 | 박규태
196 디지털 에듀테인먼트 스토리텔링 | 강심호
197 디지털 애니메이션 스토리텔링 | 배주영
198 디지털 게임의 미학 | 전경란
199 디지털 게임 스토리텔링 | 한혜원
200 한국형 디지털 스토리텔링 | 이인화

201 디지털 게임, 상상력의 새로운 영토 | 이정엽
202 프로이트와 종교 | 권수영
203 영화로 보는 태평양전쟁 | 이동훈
204 소리의 문화사 | 김토일
205 극장의 역사 | 임종엽
206 뮤지엄건축 | 서상우
207 한옥 | 박명덕
208 한국만화사 산책 | 손상익
209 만화 속 백수 이야기 | 김성훈
210 코믹스 만화의 세계 | 박석환
211 북한만화의 이해 | 김성훈·박소현
212 북한 애니메이션 | 이대연·김경임
213 만화로 보는 미국 | 김기홍
214 미생물의 세계 | 이재열
215 빛과 색 | 변종철
216 인공위성 | 장영근
217 문화콘텐츠란 무엇인가 | 최연구
218 고대 근동의 신화와 종교 | 강성열
219 신비주의 | 금인숙
220 십자군, 성전과 약탈의 역사 | 진원숙
221 종교개혁 이야기 | 이성덕
222 자살 | 이진홍
223 성, 그 억압과 진보의 역사 | 윤가현
224 아파트의 문화사 | 박철수
225 권오길 교수가 들려주는 생물의 섹스 이야기 | 권오길
226 동물행동학 | 임신재
227 한국 축구 발전사 | 김성원
228 월드컵의 위대한 전설 | 서준형
229 월드컵의 강국들 | 심재희
230 스포츠 마케팅의 세계 | 박찬혁
231 일본의 이중권력, 쇼군과 천황 | 다카시로 고이치
232 일본의 사소설 | 안영희
233 글로벌 매너 | 박한표
234 성공하는 중국 진출 가이드북 | 우수근
235 20대의 정체성 | 정성호
236 중년의 사회학 | 정성호
237 인권 | 차병직
238 헌법재판 이야기 | 오호택
239 프라하 | 김규진
240 부다페스트 | 김성진
241 보스턴 | 황선희
242 돈황 | 전인초
243 보들레르 | 이건수
244 돈 후안 | 정동섭
245 사르트르 참여문학론 | 변광배
246 문체론 | 이종오
247 올더스 헉슬리 | 김효원
248 탈식민주의에 대한 성찰 | 박종성
249 서양 무기의 역사 | 이내주
250 백화점의 문화사 | 김인호
251 초콜릿 이야기 | 정한진
252 향신료 이야기 | 정한진
253 프랑스 미식 기행 | 심순철
254 음식 이야기 | 윤진아
255 비틀스 | 고영탁
256 현대시와 불교 | 오세영
257 불교의 선악론 | 안옥선
258 질병의 사회사 | 신규환
259 와인의 문화사 | 고형욱
260 와인, 어떻게 즐길까 | 김준철
261 노블레스 오블리주 | 예종석
262 미국인의 탄생 | 김진웅
263 기독교의 교파 | 남병두
264 플로티노스 | 조규홍
265 아우구스티누스 | 박경숙
266 안셀무스 | 김영철
267 중국 종교의 역사 | 박종우
268 인도의 신화와 종교 | 정광흠
269 이라크의 역사 | 공일주
270 르 코르뷔지에 | 이관석
271 김수영, 혹은 시적 양심 | 이은정
272 의학사상사 | 여인석
273 서양의학의 역사 | 이재담
274 몸의 역사 | 강신익
275 인류를 구한 항균제들 | 예병일
276 전쟁의 판도를 바꾼 전염병 | 예병일
277 사상의학 바로 알기 | 장동민
278 조선의 명의들 | 김호
279 한국인의 관계심리학 | 권수영
280 모건의 가족 인류학 | 김용환
281 예수가 상상한 그리스도 | 김호경
282 사르트르와 보부아르의 계약결혼 | 변광배
283 초기 기독교 이야기 | 진원숙
284 동유럽의 민족 분쟁 | 김철민
285 비잔틴제국 | 진원숙
286 오스만제국 | 진원숙
287 별을 보는 사람들 | 조상호
288 한미 FTA 후 직업의 미래 | 김준성
289 구조주의와 그 이후 | 김종우
290 아도르노 | 이종하
291 프랑스 혁명 | 서정복
292 메이지유신 | 장인성
293 문화대혁명 | 백승욱
294 기생 이야기 | 신현규
295 에베레스트 | 김법모
296 빈 | 인성기
297 발트3국 | 서진석
298 아일랜드 | 한일동
299 이케다 하야토 | 권혁기
300 박정희 | 김성진
301 리콴유 | 김성진
302 덩샤오핑 | 박형기
303 마거릿 대처 | 박동운
304 로널드 레이건 | 김형곤
305 셰이크 모하메드 | 최진영
306 유엔사무총장 | 김정태
307 농구의 탄생 | 손대범
308 홍차 이야기 | 정은희

309 인도 불교사 | 김미숙
310 아힌사 | 이정호
311 인도의 경전들 | 이재숙
312 글로벌 리더 | 백형찬
313 탱고 | 배수경
314 미술경매 이야기 | 이규현
315 달마와 그 제자들 | 우봉규
316 화두와 좌선 | 김호귀
317 대학의 역사 | 이광주
318 이슬람의 탄생 | 진원숙
319 DNA분석과 과학수사 | 박기원
320 대통령의 탄생 | 조지형
321 대통령의 퇴임 이후 | 김형곤
322 미국의 대통령 선거 | 윤용희
323 프랑스 대통령 이야기 | 최연구
324 실용주의 | 이유선
325 맥주의 세계 | 원용희
326 SF의 법칙 | 고장원
327 원효 | 김원명
328 베이징 | 조창완
329 상하이 | 김윤희
330 홍콩 | 유영하
331 중화경제의 리더들 | 박형기
332 중국의 엘리트 | 주장환
333 중국의 소수민족 | 정재남
334 중국을 이해하는 9가지 관점 | 우수근
335 고대 페르시아의 역사 | 유흥태
336 이란의 역사 | 유흥태
337 에스파한 | 유흥태
338 번역이란 무엇인가 | 이향
339 해체론 | 조규형
340 자크 라캉 | 김용수
341 하지홍 교수의 개 이야기 | 하지홍
342 다방과 카페, 모던보이의 아지트 | 장유정
343 역사 속의 채식인 | 이광조
344 보수와 진보의 정신분석 | 김용신
345 저작권 | 김기태
346 왜 그 음식은 먹지 않을까 | 정한진
347 플라멩코 | 최명호
348 월트 디즈니 | 김지영
349 빌 게이츠 | 김익현
350 스티브 잡스 | 김상훈
351 잭 웰치 | 하정필
352 워렌 버핏 | 이민주
353 조지 소로스 | 김성진
354 마쓰시타 고노스케 | 권혁기
355 도요타 | 이우광
356 기술의 역사 | 송성수
357 미국의 총기 문화 | 손영호
358 표트르 대제 | 박지배
359 조지 워싱턴 | 김형곤
360 나폴레옹 | 서정복
361 비스마르크 | 김장수
362 모택동 | 김승일

363 러시아의 정체성 | 기연수
364 너는 시방 위험한 로봇이다 | 오은
365 발레리나를 꿈꾼 로봇 | 김선혁
366 로봇 선생님 가라사대 | 안동근
367 로봇 디자인의 숨겨진 규칙 | 구신애
368 로봇을 향한 열정, 일본 애니메이션 | 안병욱
369 도스토예프스키 | 박영은
370 플라톤의 교육 | 장영란
371 대공황 시대 | 양동휴
372 미래를 예측하는 힘 | 최연구
373 꼭 알아야 하는 미래 질병 10가지 | 우정헌
374 과학기술의 개척자들 | 송성수
375 레이첼 카슨과 침묵의 봄 | 김재호
376 좋은 문장 나쁜 문장 | 송준호
377 바울 | 김호경
378 테킬라 이야기 | 최명호
379 어떻게 일본 과학은 노벨상을 탔는가 | 김범성
380 기후변화 이야기 | 이유진
381 상송 | 전금주
382 이슬람 예술 | 전완경
383 페르시아의 종교 | 유흥태
384 삼위일체론 | 유해무
385 이슬람 율법 | 공일주
386 금강경 | 곽철환
387 루이스 칸 | 김낙중·정태용
388 톰 웨이츠 | 신주현
389 위대한 여성 과학자들 | 송성수
390 법원 이야기 | 오호택
391 명예훼손이란 무엇인가 | 안상운
392 사법권의 독립 | 조지형
393 피해자학 강의 | 장규원
394 정보공개란 무엇인가 | 안상운
395 적정기술이란 무엇인가 | 김정태·홍성욱
396 치명적인 금융위기, 왜 유독 대한민국인가 | 오형규
397 지방자치단체, 돈이 새고 있다 | 최인욱
398 스마트 위험사회가 온다 | 민경식
399 한반도 대재난, 대책은 있는가 | 이정직
400 불안사회 대한민국, 복지가 해답인가 | 신광영
401 21세기 대한민국 대외전략 | 김기수
402 보이지 않는 위협, 종북주의 | 류현수
403 우리 헌법 이야기 | 오호택
404 핵심 중국어 간체자(簡体字) | 김현정
405 문화생활과 문화주택 | 김용범
406 미래 주거의 대안 | 김세용·이재준
407 개방과 폐쇄의 딜레마, 북한의 이중적 경제 | 남성욱·정유석
408 연극과 영화를 통해 본 북한 사회 | 민병욱
409 먹기 위한 개방, 살기 위한 핵외교 | 김계동
410 북한 정권 붕괴 가능성과 대비 | 전경주
411 북한을 움직이는 힘, 군부의 패권경쟁 | 이영훈
412 인민의 천국에서 벌어지는 인권유린 | 허만호
413 성공을 이끄는 마케팅 법칙 | 추성엽
414 커피로 알아보는 마케팅 베이직 | 김민주
415 쓰나미의 과학 | 이호준
416 20세기를 빛낸 극작가 20인 | 백승무

417 20세기의 위대한 지휘자 | 김문경
418 20세기의 위대한 피아니스트 | 노태헌
419 뮤지컬의 이해 | 이동섭
420 위대한 도서관 건축 순례 | 최정태
421 아름다운 도서관 오디세이 | 최정태
422 롤링 스톤즈 | 김기범
423 서양 건축과 실내 디자인의 역사 | 천진희
424 서양 가구의 역사 | 공혜원
425 비주얼 머천다이징&디스플레이 디자인 | 강희수
426 호감의 법칙 | 김경호
427 시대의 지성 노암 촘스키 | 임기대
428 역사로 본 중국음식 | 신계숙
429 일본요리의 역사 | 박병학
430 한국의 음식문화 | 도현신
431 프랑스 음식문화 | 민혜련
432 중국차 이야기 | 조은아
433 디저트 이야기 | 안호기
434 치즈 이야기 | 박승용
435 면(麵) 이야기 | 김한송
436 막걸리 이야기 | 정은숙
437 알렉산드리아 비블리오테카 | 남태우
438 개헌 이야기 | 오호택
439 전통 명품의 보고, 규장각 | 신병주
440 에로스의 예술, 발레 | 김도윤
441 소크라테스를 알라 | 장영란
442 소프트웨어가 세상을 지배한다 | 김재호
443 국제난민 이야기 | 김철민
444 셰익스피어 그리고 인간 | 김도윤
445 명상이 경쟁력이다 | 김필수
446 갈매나무의 시인 백석 | 이숭원
447 브랜드를 알면 자동차가 보인다 | 김흥식
448 파이온에서 힉스 입자까지 | 이강영
449 알고 쓰는 화장품 | 구희연
450 희망이 된 인문학 | 김호연
451 한국예술의 큰 별 동랑 유치진 | 백형찬
452 경허와 그 제자들 | 우봉규
453 논어 | 윤홍식
454 장자 | 이기동
455 맹자 | 장현근
456 관자 | 신창호
457 순자 | 윤무학
458 미사일 이야기 | 박준복
459 사주(四柱) 이야기 | 이지형
460 영화로 보는 로큰롤 | 김기범
461 비타민 이야기 | 김정환
462 장군 이순신 | 도현신
463 전쟁의 심리학 | 이윤규
464 미국의 장군들 | 여영무
465 첨단무기의 세계 | 양낙규
466 한국무기의 역사 | 이내주
467 노자 | 임헌규
468 한비자 | 윤찬원
469 묵자 | 박문현
470 나는 누구인가 | 김용신

471 논리적 글쓰기 | 여세주
472 디지털 시대의 글쓰기 | 이강룡
473 NLL을 말하다 | 이상철
474 뇌의 비밀 | 서유헌
475 버트런드 러셀 | 박병철
476 에드문트 후설 | 박인철
477 공간 해석의 지혜, 풍수 | 이지형
478 이야기 동양철학사 | 강성률
479 이야기 서양철학사 | 강성률
480 독일 계몽주의의 유학적 기초 | 전홍석
481 우리말 한자 바로쓰기 | 안광희
482 유머의 기술 | 이상훈
483 관상 | 이태룡
484 가상학 | 이태룡
485 역경 | 이태룡
486 대한민국 대통령들의 한국경제 이야기 1 | 이장규
487 대한민국 대통령들의 한국경제 이야기 2 | 이장규
488 별자리 이야기 | 이형철 외
489 셜록 홈즈 | 김재성
490 역사를 움직인 중국 여성들 | 이양자
491 중국 고전 이야기 | 문승용
492 발효 이야기 | 이미란
493 이승만 평전 | 이주영
494 미군정시대 이야기 | 차상철
495 한국전쟁사 | 이희진
496 정전협정 | 조성훈
497 북한 대남 침투도발사 | 이윤규
498 수상 | 이태룡
499 성명학 | 이태룡
500 결혼 | 남정욱
501 광고로 보는 근대문화사 | 김병희
502 시조의 이해 | 임형선
503 일본인은 왜 속마음을 말하지 않을까 | 임영철
504 내 사랑 아다지오 | 양태조
505 수프림 오페라 | 김도윤
506 바그너의 이해 | 서정원
507 원자력 이야기 | 이정익
508 이스라엘과 창조경제 | 정성호
509 한국 사회 빈부의식은 어떻게 변했는가 | 김용신
510 요하문명과 한반도 | 우실하
511 고조선왕조실록 | 이희진
512 고구려왕조실록 1 | 이희진
513 고구려왕조실록 2 | 이희진
514 백제왕조실록 1 | 이희진
515 백제왕조실록 2 | 이희진
516 신라왕조실록 1 | 이희진
517 신라왕조실록 2 | 이희진
518 신라왕조실록 3 | 이희진
519 가야왕조실록 | 이희진
520 발해왕조실록 | 구난희
521 고려왕조실록 1 (근간)
522 고려왕조실록 2 (근간)
523 조선왕조실록 1 | 이성무
524 조선왕조실록 2 | 이성무

525 조선왕조실록 3 | 이성무
526 조선왕조실록 4 | 이성무
527 조선왕조실록 5 | 이성무
528 조선왕조실록 6 | 편집부
529 정한론 | 이기용
530 청일전쟁 (근간)
531 러일전쟁 (근간)
532 이슬람 전쟁사 | 진원숙
533 소주이야기 | 이지형
534 북한 남침 이후 3일간, 이승만 대통령의 행적 | 남정옥
535 제주 신화 1 | 이석범
536 제주 신화 2 | 이석범
537 제주 전설 1 | 이석범
538 제주 전설 2 | 이석범
539 제주 전설 3 | 이석범
540 제주 전설 4 | 이석범
541 제주 전설 5 | 이석범
542 제주 민담 | 이석범
543 서양의 명장 | 박기련
544 동양의 명장 | 박기련
545 루소, 교육을 말하다 | 고봉만·황성원
546 철학으로 본 앙트러프러너십 | 전인수
547 예술과 앙트러프러너십 | 조명계
548 문화마케팅 (근간)
549 비즈니스상상력 | 전인수
550 개념설계의 시대 | 전인수
551 미국 독립전쟁 | 김형곤
552 미국 남북전쟁 | 김형곤
553 초기불교 이야기 | 곽철환
554 한국가톨릭의 역사 | 서정민
555 시아 이슬람 | 유흥태
556 스토리텔링에서 스토리두잉으로 | 윤주
557 백세시대의 지혜 | 신현동
558 구보 씨가 살아온 한국 사회 | 김병희
559 정부광고로 보는 일상생활사 | 김병희
560 정부광고의 국민계몽 캠페인 | 김병희
561 도시재생 이야기 | 윤주
562 한국의 핵무장 | 김재엽
563 고구려 비문의 비밀 | 정호섭
564 비슷하면서도 다른 한중문화 | 장범성
565 급변하는 현대 중국의 일상 | 장시·리우린, 장범성
566 중국의 한국 유학생들 | 왕링윈·장범성
567 밥딜런 그의 나라에는 누가 사는가 | 오민석
568 언론으로 본 정부정책의 변천 | 김병희
569 전통과 보수의 나라 영국 1-영국 역사 | 한일동
570 전통과 보수의 나라 영국 2-영국 문화 | 한일동
571 전통과 보수의 나라 영국 3-영국 현대 | 김언조
572 제1차 세계대전 | 윤형호
573 제2차 세계대전 | 윤형호
574 라벨로 보는 프랑스 포도주의 이해 | 전경준
575 미셸 푸코, 말과 사물 | 이규현
576 프로이트, 꿈의 해석 | 김석 (근간)
577 왜 5왕 | 홍성화
578 소가씨 4대 | 나행주
579 미나모토노 요리토모 | 남기학
580 도요토미 히데요시 | 이계황
581 요시다 쇼인 | 이희복
582 시부사와 에이이치 | 양의모
583 이토 히로부미 | 방광석
584 메이지 천황 | 박진우
585 하라 다카시 | 김영숙
586 히라쓰카 라이초 | 정애영
587 고노에 후미마로 | 김봉식

하라 다카시 평민 재상의 빛과 그림자

펴낸날	초판 1쇄 2019년 8월 30일

지은이	김영숙
펴낸이	심만수
펴낸곳	(주)살림출판사
출판등록	1989년 11월 1일 제9-210호

주소	경기도 파주시 광인사길 30
전화	031-955-1350 팩스 031-624-1356
홈페이지	http://www.sallimbooks.com
이메일	book@sallimbooks.com

ISBN	978-89-522-4076-7 04080
	978-89-522-0096-9 04080 (세트)

이 도서의 국립중앙도서관 출판시도서목록(CIP)은 서지정보유통지원시스템 홈페이지
(http://seoji.nl.go.kr)와 국가자료공동목록시스템(http://www.nl.go.kr/kolisnet)에서
이용하실 수 있습니다.(CIP제어번호: CIP2019028967)

책임편집·교정교열 **최정원 이상준**

인물로 보는 일본역사 시리즈 전11권

홍성화 외 10인 지음

2019년 3·1 운동 100주년 기념, 2020년 8·15 광복 75주년을 기념하여 일본사학회가 기획한 시리즈. 가깝지만 멀기만 한 일본과의 관계를 돌아보기 위해 한국사와 밀접한 대표적인 인물 11명의 생애와 사상을 알아본다.

577 왜 5왕(倭 五王)
수수께끼의 5세기 왜국 왕 (인물로 보는 일본역사 1)

홍성화(건국대학교 글로컬캠퍼스 교양대학 역사학 교수) 지음

베일에 싸인 왜 5왕(찬·진·제·흥·무)의 실체를 파헤침으로써 5세기 한일관계의 실상을 재조명한다.

 키워드

#왜국 #왜왕 #송서 #사신 #조공 #5세기 #백제 #중국사서 #천황 #고대

578 소가씨 4대(蘇我氏 四代)
고대 일본의 권력 가문 (인물로 보는 일본역사 2)

나행주(건국대학교 사학과 초빙교수) 지음

일본 고대국가에 커다란 족적을 남긴 백제 도래씨족 소가씨. 그중 4대에 이르는 소가노 이나메(506?~570)·우마코(551?~626)·에미시(?~645)·이루카(?~645)의 생애와 업적을 알아본다.

키워드

#일본고대 #도래인 #외척 #불교 #불교문화

579 미나모토노 요리토모(源賴朝)
무사정권의 창시자 (인물로 보는 일본역사 3)

남기학(한림대학교 일본학과 교수) 지음

무사정권의 창시자 미나모토노 요리토모(1147~1199)의 파란만장한 생애와 사상의 전모를 밝힌다.

키워드

#무사정권 #가마쿠라도노 #무위 #무민 #신국사상 #다이라노 기요모리 #고시라카와 #최충헌

580 도요토미 히데요시 (豊臣秀吉)
일본 통일을 이루다 (인물로 보는 일본역사 4)

이계황(인하대학교 일본언어문화학과 교수) 지음

동아시아 국제전쟁으로서의 임진왜란과 난세를 극복하고 일본천하를 통일한 도요토미 히데요시(1537~1598)를 통해, 일본을 접근해본다.

키워드 🔍

#센고쿠기 #오다 노부나가 #도쿠가와 이에야스 #임진왜란 #강화교섭 #정유재란

581 요시다 쇼인 (吉田松陰)
일본 민족주의의 원형 (인물로 보는 일본역사 5)

이희복(강원대학교 일본학과 교수) 지음

일본 우익사상의 창시자 요시다 쇼인(1830~1859). 그가 나고 자란 곳 하기시(萩市)에서 그의 학문과 사상의 진수를 눈과 발로 확인한다.

키워드 🔍

#병학사범 #성리학자 #국체사상가 #양명학자 #세계적 보편성 #우익사상 #성리학

582 시부사와 에이이치 (渋沢栄一)
일본 경제의 아버지 (인물로 보는 일본역사 6)

양의모(인천대학교 동북아 통상학과 강사) 지음

경제대국 일본의 기초를 쌓아올린 시부사와 에이이치(1840~1931). '일본 경제의 아버지'라 불리는 그의 삶과 활동을 조명한다.

키워드 🔍

#자본주의 #부국강병 #도덕경제론 #논어와 주판 #민간외교 #합본주의

583 이토 히로부미 (伊藤博文)
일본의 근대를 이끌다 (인물로 보는 일본역사 7)

방광석(동국대학교 대외교류연구원 연구교수 · 전 일본사학회 회장) 지음

침략의 원흉이자 근대 일본의 기획자 이토 히로부미(1841~1909)의 생애를 실증적·객관적으로 살펴본다.

키워드 🔍

#입헌 정치체제 #폐번치현 #대일본제국헌법 #쇼카손주쿠 #천황친정운동 #을사늑약
#한국병합

584 메이지 천황(明治天皇)
일본 제국의 기초를 닦다 (인물로 보는 일본역사 8)

박진우(숙명여자대학교 일본학과 교수) 지음

메이지 천황(1852~1912)의 '실상'과 근대 이후 신격화된 그의 '허상'을 추적한다.

키워드 🔍

#메이지유신 #메이지 천황 #근대천황제 #천황의 군대

585 하라 다카시(原敬)
평민 재상의 빛과 그림자 (인물로 보는 일본역사 9)

김영숙(고려대학교 한국사연구소 연구교수) 지음

일본 정당정치의 상징이자 식민지 통치의 설계자. 평민 재상 하라 다카시(1856~1921)를 파헤친다.

키워드 🔍

#정당정치 #문화정책 #내각총리대신 #평민 재상 #입헌정우회 #정우회

586 히라쓰카 라이초(平塚らいてう)
일본의 여성해방운동가 (인물로 보는 일본역사 10)

정애영(경상대·방송통신대 일본사·동아시아사 강사) 지음

일본의 대표 신여성 히라쓰카 라이초(1886~1971). 그녀를 중심으로 일본의 페미니즘 운동과 동아시아의 신여성을 조명한다.

키워드 🔍

#신여성 #세이토 #신부인협회 #일본의 페미니즘 #동아시아 페미니즘 운동 #동아시아 신여성

587 고노에 후미마로(近衞文麿)
패전으로 귀결된 야망과 좌절 (인물로 보는 일본역사 11)

김봉식(고려대학교 강사) 지음

미·영 중심의 국제질서에 도전하고 독일·이탈리아와 동맹을 강화하여 전쟁의 참화를 불러온 귀족정치가. 고노에 후미마로(1891~1945)의 생애와 한계를 살펴본다.

키워드 🔍

#중일전쟁 #태평양전쟁 #신체제 #일본역사

eBook 표시가 되어있는 도서는 전자책으로 구매가 가능합니다.

016 이슬람 문화 | 이희수
017 살롱문화 | 서정복 eBook
020 문신의 역사 | 조현설
038 헬레니즘 | 윤진
056 중국의 고구려사 왜곡 | 최광식
085 책과 세계 | 강유원
086 유럽왕실의 탄생 | 김현수 eBook
087 박물관의 탄생 | 전진성 eBook
088 절대왕정의 탄생 | 임승휘 eBook
100 여행 이야기 | 이진홍 eBook
101 아테네 | 장영란 eBook
102 로마 | 한형곤 eBook
103 이스탄불 | 이희수 eBook
104 예루살렘 | 최창모
105 상트 페테르부르크 | 방일권 eBook
106 하이델베르크 | 곽병휴 eBook
107 파리 | 김복래 eBook
108 바르샤바 | 최건영 eBook
109 부에노스아이레스 | 고부안 eBook
110 멕시코 시티 | 정혜주 eBook
111 나이로비 | 양철준
112 고대 올림픽의 세계 | 김복희 eBook
113 종교와 스포츠 | 이창익 eBook
115 그리스 문명 | 최혜영
116 그리스와 로마 | 김덕수 eBook
117 알렉산드로스 | 조현미
'36 세계지도의 역사와 한반도의 발견 | 김상근 eBook
139 신용하 교수의 독도 이야기 | 신용하
140 간도는 누구의 땅인가 | 이성환
143 바로크 | 신정아
144 페르시아 문화 | 신규섭
150 모던 걸, 여우 목도리를 버려라 | 김주리
151 누가 하이카라 여성을 데리고 사나 | 김미지
152 스위트 홈의 기원 | 백지혜 eBook
153 대중적 감수성의 탄생 | 강심호
154 에로 그로 넌센스 | 소래섭 eBook
155 소리가 만들어낸 근대의 풍경 | 이승원 eBook
156 서울은 어떻게 계획되었는가 | 염복규 eBook
157 부엌의 문화사 | 함한희
171 프랑크푸르트 | 이기식 eBook

172 바그다드 | 이동은 eBook
173 아테네인 스파르타인 | 윤진 eBook
174 정치의 원형을 찾아서 | 최자영
175 소르본 대학 | 서정복
187 일본의 서양문화 수용사 | 정하미
188 번역과 일본의 근대 | 최경옥
189 전쟁국가 일본 | 이성환 eBook
191 일본 누드 문화사 | 최유경
192 주신구라 | 이준섭
193 일본의 신사 | 박규태 eBook
220 십자군, 성전과 약탈의 역사 | 진원숙
239 프라하 | 김규진 eBook
240 부다페스트 | 김성진 eBook
241 보스턴 | 황선희
242 돈황 | 전인초 eBook
249 서양 무기의 역사 | 이내주
250 백화점의 문화사 | 김인호
251 초콜릿 이야기 | 정한진
252 향신료 이야기 | 정한진
259 와인의 문화사 | 고형욱
269 이라크의 역사 | 공일주
283 초기 기독교 이야기 | 진원숙
285 비잔틴제국 | 진원숙 eBook
286 오스만제국 | 진원숙 eBook
291 프랑스 혁명 | 서정복 eBook
292 메이지유신 | 장인성
293 문화대혁명 | 백승욱
294 기생 이야기 | 신현규
295 에베레스트 | 김법모 eBook
296 빈 | 인성기 eBook
297 발트3국 | 서진석 eBook
298 아일랜드 | 한일동
308 홍차 이야기 | 정은희 eBook
317 대학의 역사 | 이광주
318 이슬람의 탄생 | 진원숙
335 고대 페르시아의 역사 | 유흥태
336 이란의 역사 | 유흥태
337 에스파한 | 유흥태
342 다방과 카페, 모던보이의 아지트 | 장유정
343 역사 속의 채식인 | 이광조

371 대공황 시대 | 양동휴 eBook
420 위대한 도서관 건축순례 | 최정태 eBook
421 아름다운 도서관 오디세이 | 최정태 eBook
423 서양 건축과 실내 디자인의 역사 | 천진희 eBook
424 서양 가구의 역사 | 공혜원 eBook
437 알렉산드리아 비블리오테카 | 남태우 eBook
439 전통 명품의 보고, 규장각 | 신병주 eBook
443 국제난민 이야기 | 김철민 eBook
462 장군 이순신 | 도현신 eBook
463 전쟁의 심리학 | 이윤규 eBook
466 한국무기의 역사 | 이내주
486 대한민국 대통령들의 한국경제 이야기 1 | 이장규 eBook
487 대한민국 대통령들의 한국경제 이야기 2 | 이장규 eBook
490 역사를 움직인 중국 여성들 | 이양자 eBook
493 이승만 평전 | 이주영 eBook
494 미군정시대 이야기 | 차상철 eBook
495 한국전쟁사 | 이희진 eBook
496 정전협정 | 조성훈 eBook
497 북한 대남침투도발사 | 이윤규 eBook
510 요하 문명과 한반도 | 우실하
511 고조선왕조실록 | 이희진 eBook
512 고구려왕조실록 1 | 이희진 eBook
513 고구려왕조실록 2 | 이희진 eBook
514 백제왕조실록 1 | 이희진 eBook
515 백제왕조실록 2 | 이희진 eBook
516 신라왕조실록 1 | 이희진
517 신라왕조실록 2 | 이희진
518 신라왕조실록 3 | 이희진
519 가야왕조실록 | 이희진 eBook
520 발해왕조실록 | 구난희
521 고려왕조실록 1(근간)
522 고려왕조실록 2(근간)
523 조선왕조실록 1 | 이성무 eBook
524 조선왕조실록 2 | 이성무 eBook
525 조선왕조실록 3 | 이성무 eBook
526 조선왕조실록 4 | 이성무 eBook
527 조선왕조실록 5 | 이성무 eBook
528 조선왕조실록 6 | 편집부 eBook

㈜살림출판사
www.sallimbooks.com
주소 경기도 파주시 문발동 522-1 | 전화 031-955-1350 | 팩스 031-955-1355